実力判定 古文書解読力

一般社団法人古文書解読検定協会代表理事
小林正博［編著］

柏書房

はじめに

本書は今までにない古文書学習書として、古文書愛好者のみなさんに提供するものです。「自分の古文書の解読力はどのくらいのレベルにあるのだろう。」――それがわかるように解読問題とその得点別人数表を載せて、解読レベルが把握できるように構成しました。ですから本書は紙上で実施する「**古文書解読検定**」でもあります。

実はこの「**古文書解読検定**」というのは架空の検定試験ではありません。本邦初の資格試験として二〇一六年（平成二八）七月からスタートする歴とした検定制度なのです。古文書研究に精通した大学教員の方々の協力を得て、一般社団法人古文書解読検定協会が主催する「**古文書解読検定**」がついに現実に行なわれることになったのです。詳しく知りたい方は「古文書解読検定協会」のホームページでご確認ください。

この「**古文書解読検定**」の周知徹底にはまず出版をと考え、今回、古文書学習本の出版では最も定評のある柏書房さんの応援を得て出版させていただくことができました。富澤凡子社長をはじめ、編集の労を取ってくださった小代渉氏には心より感謝する次第です。

本書では、まず第一章【基礎知識編】で、①変体仮名七〇字を征服する、②七〇の偏や旁のくずしに着目する、③旧字体七〇字を覚える、④異体字七〇字をマスターする、⑤頻出漢字七〇字の読みに慣れる、の合計三五〇の基礎知識を取り上げています。実はこの基礎知識三五〇は、問題形式になっており、最後に得点表も付け、さらに確認テストも入れましたので何度もくり返して学習ができるようになっています。したがって基礎知識編といっても、実際は「古文書基礎知識問題集」として構成されています。基礎知識編で心がけてほしいことは、見て覚えるのではなく、実際に文字を書きながら覚えてほしいということです。「**書ければ読める**」――これは本書のテーマでもあります。

次に「旧暦のしくみと干支について」の節を加えておきました。これも古文書学習の上で、大事な基礎知識ですから、ぜひ押さえておきましょう。第一章の最後には、気分転換として「古文書クイズ」を用意しましたので楽しんでください。

第二章【解読検定編】は、一四題の解読試験問題を収めました。制限時間は特に指定していませんが、字典などの使用は不可です。自己採点して、ご自分の点数が何位に当たるのか、また目安として上級・中級・初級のいずれのレベルにあるかがわかるようになっていますから心して挑んでください。

本書の学習を通して、さらなるレベルアップを図り、解読力を磨いていただければ幸いです。そして、その実力を今度は地域へ、同学の友へと活かされんことを心より期待しております。

平成二八年三月

一般社団法人　古文書解読検定協会代表理事　小林正博

＊本書に掲載した古文書と文字の画像は、主に柏書房・古文書解読検定協会が所蔵する板本・自筆本・書写本と『草露貫珠』（元禄九年本）、『実用文字のくづし方』（文明堂、一九二〇年）を切り貼りして使用しています。一部他機関の所蔵本のものは了解を得て掲載させていただきました。また特殊文字フォントはCD版「今昔文字鏡」（エーアイ・ネット）の活字フォントを使用させていただきました。

第二章❖【解読検定編】あなたの解読力はどのくらい？

序章

いきなりで恐縮ですが、この本を手にしたあなたの「解読力のレベル」を試させていただきます。次頁の文字はどのくらい読めるでしょうか。これは江戸時代の教訓書で「あつまくさ」という板本（木版本）の一部です。一行一四字で三行、合計四二文字の解読をする問題です。四二点満点で、どのくらい読めるか挑戦してみてください。

実は、この問題を大学通信教育部の地方スクーリングで出題し、受講生の方たちにやってもらいました。五十代と六十代の九名の方で、ほとんどが古文書の解読は未経験者です。結果から言いますと、平均は一七・三点、最高点は二三点でした。四二字中、漢字は一八字、この平均は六・九点、ひらがなは二四字、平均は一〇・二点でした。このうち九人全員が読めなかった漢字は六字、ひらがなは四字ありました。解答・解説で正解率の高い順に並べていますから、あなたの解読結果と比べてみてください。

腕に覚えのある方ならスラスラ読めるような問題だと思います。あまり読めなかった方は、第一章をくり返し学習することをお勧めします。

▼解読問題（四二点満点）

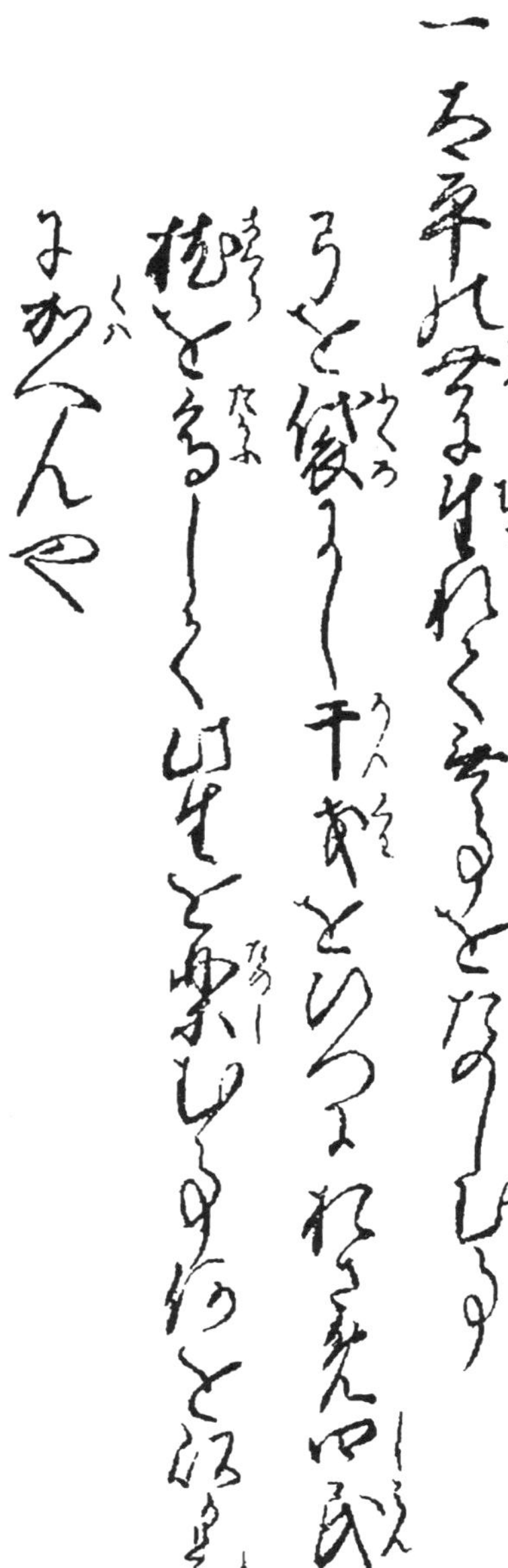

一　太平 ____ 14字

弓を ____ 14字

枕を ____ 14字

に加へんや

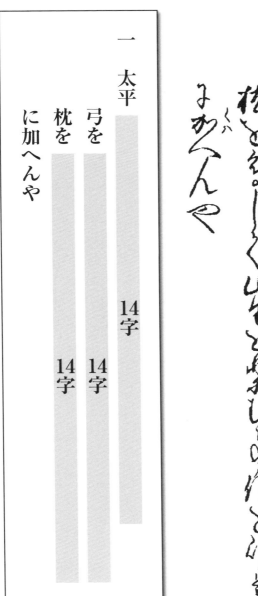

▼解答（読み仮名は採点の対象外です）

（太平）の世《よ》に生《むま》れて無事をたのしむ事

（弓を）袋《ふくろ》にし干戈《かんくわ》をひつにおさめ四民《しみん》

（枕《まくら》を）高《たかふ》して此生を楽《たのし》む事何を以か是

（に加《くハ》へんや）

これを一文字ずつ正解者の数を示すと、次のようになりました。

▼正解者数（九人中）

（太平）

の	世	に	生	れ	て	無	事	を	た	の	し	む	事
5	6	7	8	8	2	0	1	3	8	8	8	0	

（弓を）

袋	に	し	干	戈	を	ひ	つ	に	お	さ	め	四	民
9	3	2	3	0	0	3	4	1	1	4	0	7	7

4620525716000 0

（枕を）高して此生を楽む事何を以か是
（に加へんや）

さらにこれを漢字とひらがなに分けて、「読める」「なんとか読める」「よく読めない」「ぜんぜん読めない」の四段階で整理してみます。

《漢字》

「読める」（七人から九人が正解）

生・袋・四・民

「なんとか読める」（四人から六人が正解）

世・高・生・楽・何

「よく読めない」（一人から三人が正解）

事・干・事

「ぜんぜん読めない」（正解者なし）

無・事・戈・此・以・是

この中で、「なんとか読める」字として「世」と「高」がありますが、むしろこれはよく読めたなというくずし字で単独だったらもっと正解者は少なかったでしょう。おそらくで「太平」が解答用紙に書かれていますから「太平の世に」だろうと想像したことが正解につながったと思われます。ひらがなの（に）は三ヶ所出てきますが、ここだけ七人が読めていて、あとの二ヶ所は三人、一人ですから、明らかに前後から考えて「太平の世に」が浮かんだわけです。

この慣用的な言い回しで考えてみるという方法は、解読の上では有効な作業になります。一字一字切り離してながめていても読めないところを、日本語表現としてつなげて考えることがポイントです。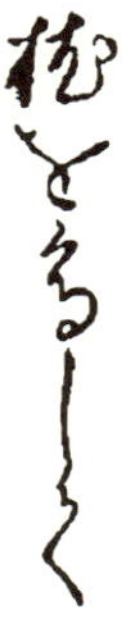も「枕を」とヒントがあるので「枕を高くして」と考えた結果が正解につながったことを示しています。これが単独で読み仮名も振られていなかったら、誤読する人が多かったはずです。初心者の域を超えた人になると、むしろ「高」より「鳥」とか「島」と読む人もいると思います。

「高」か「鳥」か「島」かの判定は、やはり前後の内容から判断するしかありません。常に日本語表現としてひとくくりで考えるようにすることが大事なのです。

さて正解者ゼロの六文字を再び挙げてみますが、「干戈」（武器のこと）の「戈」は別として、あとは最も基本的な頻出漢字ですから、一通りの古文書学習を重ねた人からみれば、瞬時に読める見慣れたくずし字です。

解読できなかった人は、本書の合い言葉「書ければ読める」にしたがって、何回も書きながら覚えておきましょう。

次はひらがなです。

《ひらがな》

「読める」（七人から九人が正解）

に・れ・たのしむ・む

「なんとか読める」（四人から六人が正解）

の・つ・さ・し

「よく読めない」（一人から三人が正解）

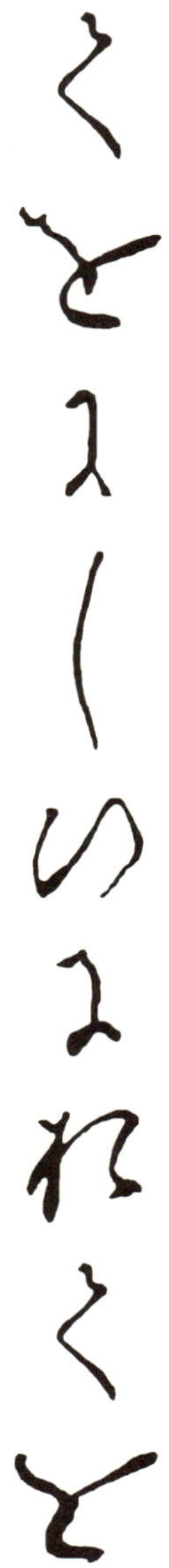

て・を・に・し・ひ・に・お・て・を

「ぜんぜん読めない」（正解者なし）

を・め・を・か

「読める」と「なんとか読める」理由は明らかです。「太平の世に」の（の）と（に）を除けば（のが読めている理由は「太平の」とつなげて読んでいるからで、これは前に述べた通りです）すべて、私たちが書いているひらがなと同じだからです。

「よく読めない」と「ぜんぜん読めない」理由は二つあります。一つめの理由は、私たちが書くひらがなとちょっと字形が違うもの、二つめの理由は、まさに変体仮名だからです。変体仮名は□で表してあります。一つめの理由では、「て」と「を」と「ひ」に注目してください。私たちのひらがなと江戸時代の人たちのひらがなの、字形に違いがあることがわかります。問題は二つめの理由である「変体仮名」です。「に」「お」「め」「か」は私たちとはまるで違っています。

これはそれぞれ「尓（爾）」「於」「免」「可」をくずしてつくられたひらがなで、今は使われていません。こういうひらがなを「変体仮名」と言います。つまり、「変体仮名」が読めないと古文書は読めない、と言っても過言ではないのです。

古文書解読の第一歩は、まさに「変体仮名のマスターから」始まります。マスターすれば、ここでは、「尓」をくずした「に」、「於」をくずした「お」、「免」をくずした「め」、「可」をくずした「か」と簡単に読めるようになります。なお、私たちが書くひらがなの「お」とは、字源は「於」で同じですが、の字形は今は使われていません。

以上、いろいろ解説を交えながら述べてきたように、頻出する漢字のくずしと変体仮名をある程度マスターしてしまえば、古文書は相当読めるようになります。

また、読めるとますます古文書学習は楽しくなります。その域に達するためには、時間をかけて慣れていくのが一番です。

次の「基礎知識編」は、初級レベルを突破するのには十分な内容が備わっています。確かなレベルアップの手応えを感じられるように、一二回分の得点表と復習のための確認テストも付けて編集していますので、ぜひマスターへ向かって努力を重ねてください。

第一章❖【基礎知識編】解読力向上の必須項目三五〇

基礎知識①　変体仮名七〇字を征服する

▼変体仮名とは

ひらがなの字体のうち、現在は使われていない昔のひらがなを変体仮名と言います。一九〇〇年（明治三三）の小学校令施行規則により、ひらがなは一音一字に統一されたため、変体仮名は消えてしまったのです。そのため古文書学習の手始めは、まず変体仮名の征服からです。ここでは、よく見る変体仮名七〇を選び、もとになっている漢字の字源（字母とも言います）を挙げてあります。問題は五問、それぞれ一四題で計七〇字あります。ひらがなとその字源を見ながら、□の中にくずし字を書いてください。答えは最後の行に並べてありますが、見ないでも書けることを目指してください。

基礎知識① 変体仮名の問題（七〇点満点）

字源	仮名	
阿	あ	
以	い	
江	え	
於	お	
可	か	
閑	か	
支	き	
起	き	
久	く	
具	く	
遣	け	
介	け	
希	け	
氣	け	

＊け＝介は个とも　以　於　久　は現代仮名と字源が同じ

字源	仮名
阿	あ
以	い
江	え
於	お
可	か
閑	か
支	き
起	き
久	く
具	く
遣	け
介	け
希	け
氣	け

古	こ	
左	さ	
佐	さ	
散	さ	
志	し	
須	す	
春	す	
世	せ	
曾	そ	
楚	そ	
所	そ	
堂	た	
多	た	
川	つ	

＊左　世　曾　は現代仮名と字源が同じ

古	こ
左	さ
佐	さ
散	さ
志	し
須	す
春	す
世	せ
曾	そ
楚	そ
所	そ
堂	た
多	た
川	つ

徒	つ	
天	て	
亭	て	
登	と	
奈	な	
那	な	
尔（爾）	に	
丹	に	
耳	に	
祢	ね	
子	ね	
乃	の	
能	の	
者	は	

＊天　奈　祢　乃　は現代仮名と字源が同じ

徒	つ	
天	て	
亭	て	
登	と	
奈	な	
那	な	
尔（爾）	に	
丹	に	
耳	に	
祢	ね	
子	ね	
乃	の	
能	の	
者	は	

半	は	
不	ふ	
布	ふ	
婦	ふ	
遍	へ	
保	ほ	
本	ほ	
万	ま	
満	ま	
見	み	
無	む	
舞	む	
免	め	
毛	も	

*不　保　毛　は現代仮名と字源が同じ

半	は	
不	ふ	
布	ふ	
婦	ふ	
遍	へ	
保	ほ	
本	ほ	
万	ま	
満	ま	
見	み	
無	む	
舞	む	
免	め	
毛	も	

字源	仮名	
遊	ゆ	
羅	ら	
利	り	
里	り	
留	る	
留	る	
累	る	
流	る	
類	る	
連	れ	
王	わ	
井	ゐ	
越	を	
乎	を	

＊利　留　は現代仮名と字源が同じ

字源	仮名
遊	ゆ
羅	ら
利	り
里	り
留	る
留	る
累	る
流	る
類	る
連	れ
王	わ
井	ゐ
越	を
乎	を

得点表　変体仮名七〇字

一四字ずつごとのくずしが書けた点数を記入してください。

内容	配点 ＼ 日付	1 /	2 /	3 /	4 /	5 /	6 /	7 /	8 /	9 /	10 /	11 /	12 /
あ～け	14												
こ～つ	14												
つ～は	14												
は～も	14												
ゆ～を	14												
	計 70												

▼あなたの名前の字源が書けますか？

ひらがなは日本製ですが、すべて中国から移入した漢字をもとにつくられたものです。カタカナも字源は漢字で、その一部分を採ってつくられています。たとえば日本の名僧の名前を例に挙げると次のようになります。

促音便（つ）や、ゃゅょは大文字にしてから字源を表示します。濁音（がざだば　など）は清音（かさたは　など）として考えます。

二五・二六頁に、ひらがなとカタカナの字源を一覧表にしましたので、ぜひ押さえておきましょう。

	ひらがなの字源	カタカナの字源
最澄	さいちょう 左以知与宇	サイチヨウ 散伊千與宇
空海	くうかい 久宇加以	クウカイ 久宇加伊
法然	ほうねん 保宇祢无	ホウネン 保宇祢无
親鸞	しんらん 之无良无	シンラン 之无良无
道元	とうけん 止宇計无	トウケン 止宇介无
日蓮	にちれん 仁知礼无	ニチレン 二千礼无

ではまず、ひらがなの字源を考えてください。

▼わかりますか？　現代ひらがなの字源

あ	か	さ	た	な	は	ま	や	ら	わ	ん
い	き	し	ち	に	ひ	み		り	ゐ	
う	く	す	つ	ぬ	ふ	む	ゆ	る		
え	け	せ	て	ね	へ	め		れ	ゑ	
お	こ	そ	と	の	ほ	も	よ	ろ	を	

【解答】

あ	か	さ	た	な	は	ま	や	ら	わ	ん
安	加	左	太	奈	波	末	也	良	和	无
い	き	し	ち	に	ひ	み		り	ゐ	
以	幾	之	知	仁	比	美		利	為	
う	く	す	つ	ぬ	ふ	む	ゆ	る		
宇	久	寸	川	奴	不	武	由	留		
え	け	せ	て	ね	へ	め		れ	ゑ	
衣	計	世	天	祢	部	女		礼	恵	
お	こ	そ	と	の	ほ	も	よ	ろ	を	
於	己	曾	止	乃	保	毛	与	呂	遠	

＊上段は問題、下段は解答です。

＊「つ」の字源は「津」の説もある

次はカタカナの字源を考えてください。

▼わかりますか？　現代カタカナの字源

ア	カ	サ	タ	ナ	ハ	マ	ヤ	ラ	ワ	ン
イ	キ	シ	チ	ニ	ヒ	ミ		リ	ヰ	
ウ	ク	ス	ツ	ヌ	フ	ム	ユ	ル		
エ	ケ	セ	テ	ネ	ヘ	メ		レ	ヱ	
オ	コ	ソ	ト	ノ	ホ	モ	ヨ	ロ	ヲ	

【解答】

ア	カ	サ	タ	ナ	ハ	マ	ヤ	ラ	ワ	ン
阿	加	散	多	奈	八	万	也	良	和	无
イ	キ	シ	チ	ニ	ヒ	ミ		リ	ヰ	
伊	幾	之	千	二	比	三		利	井	
ウ	ク	ス	ツ	ヌ	フ	ム	ユ	ル		
宇	久	須	川	奴	不	牟	由	流		
エ	ケ	セ	テ	ネ	ヘ	メ		レ	ヱ	
江	介	世	天	祢	部	女		礼	恵	
オ	コ	ソ	ト	ノ	ホ	モ	ヨ	ロ	ヲ	
於	己	曽	止	乃	保	毛	與	呂	乎	

＊上段は問題、下段は解答です。

▼あなたの名前の字源を覚えておこう

あなたの名前の字源を書いてください。

なまえ（ひらがなで）	ひらがなの字源

なまえ（かたかなで）	かたかなの字源

▼特殊なひらがな＝合字

また合字《ごうじ》も重要ですのでまとめておきます。

こと　しめ　こと　として　より　とも　とき

合字の中で注意しておきたいのはゟ（より）です。解読する時は、「より」としないで「ゟ」のまま書きます。

確認テスト　変体仮名

変体仮名の文字を読んでください（各問一四点満点）。

▼問題1

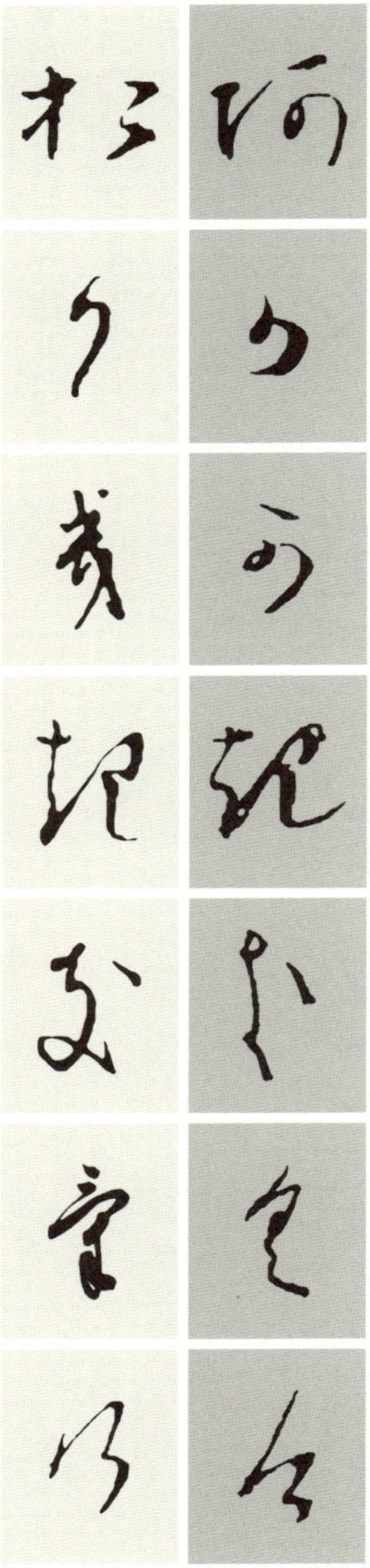

▼問題2

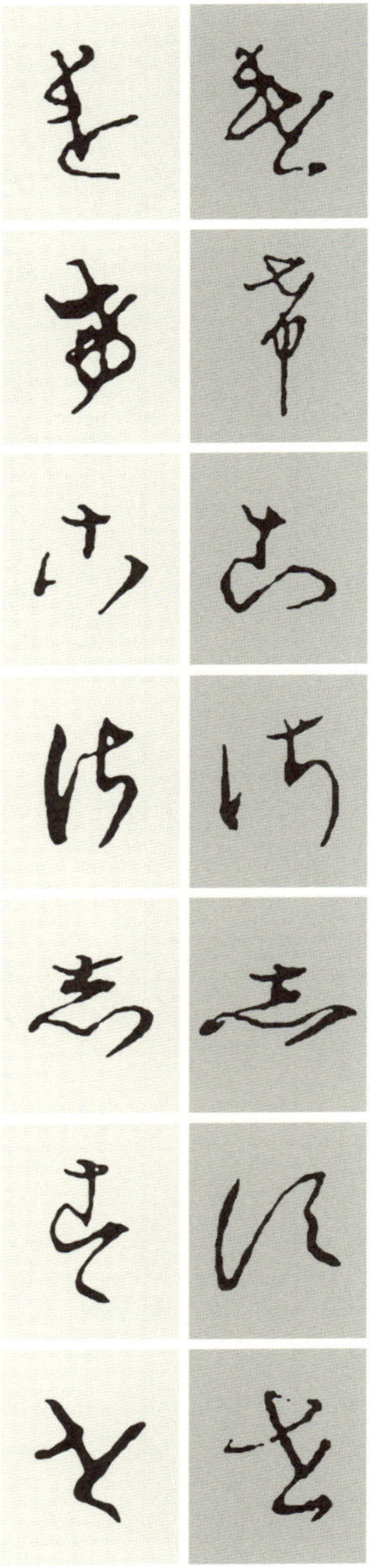

【解答1】

※右が字源、左が読みです。

字源	読み
阿・於	あ・お
可	か
可・幾	か・き
起	き
支	き
具・気	く・け
介	け

【解答2】

字源	読み
遣	け
希	け
古	こ
佐	さ
志	し
須・春	す
世	せ

▼問題3

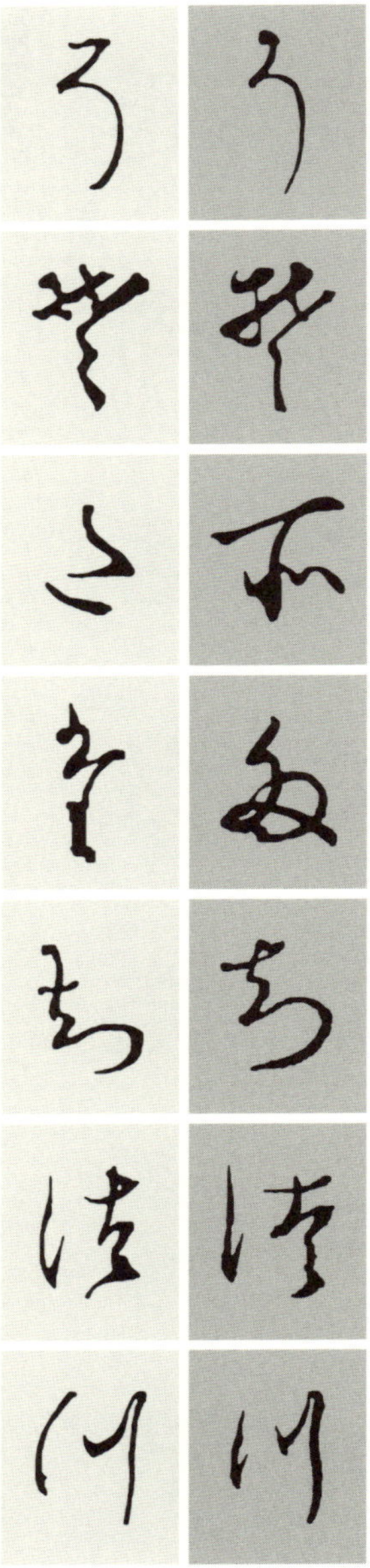

▼問題4

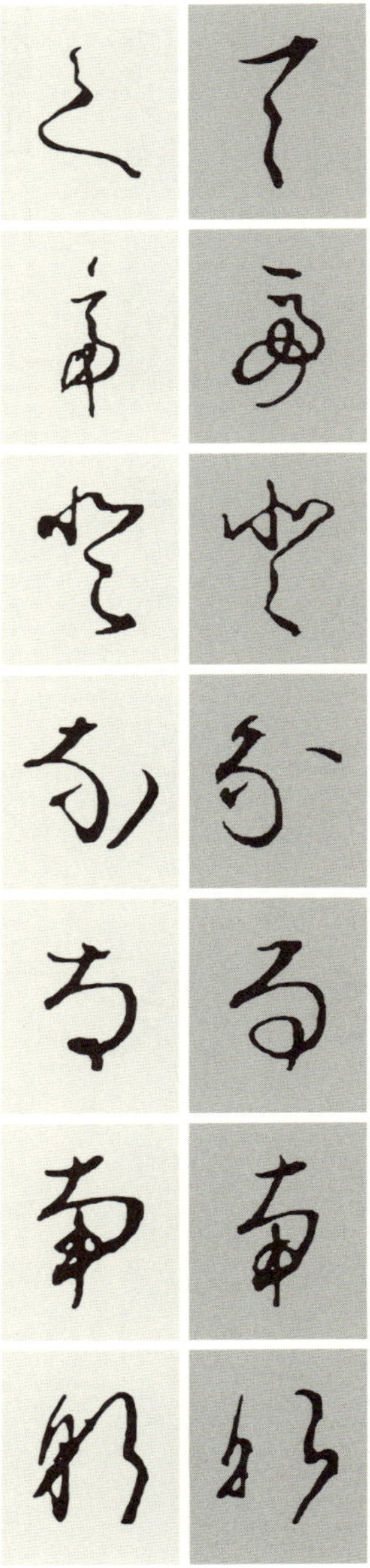

【解答3】

曾	そ
楚	そ
所・多	そ・た
多・堂	た
知	ち
徒	つ
川	つ

【解答4】

天	て
亭	て
登	と
奈	な
奈	な
南	な
那	な

▼問題5

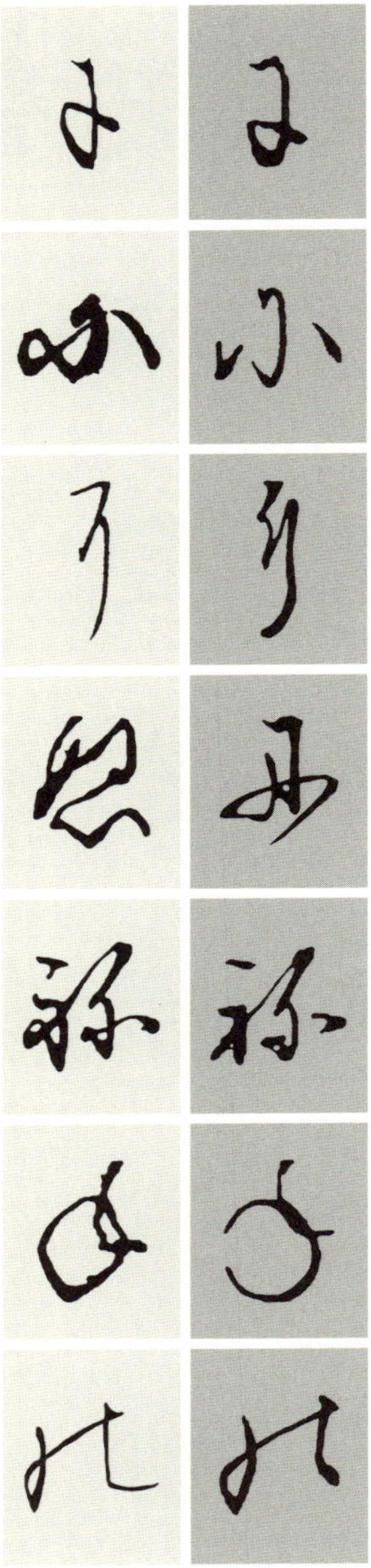

▼問題6

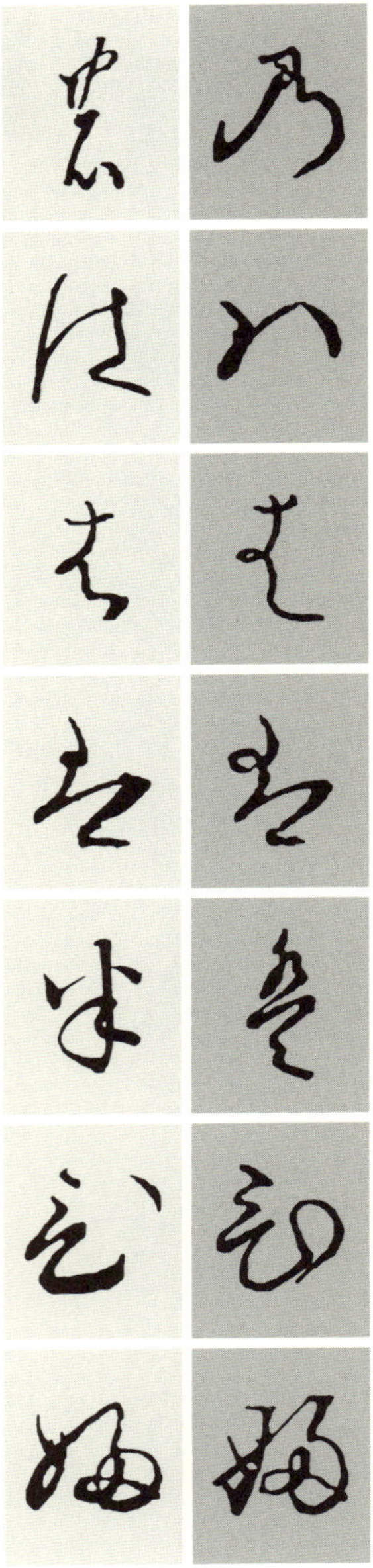

【解答5】

字母	読み
尓	に
尓	に
耳	に
丹・怒	に・ぬ
祢	ね
年	ね
能	の

【解答6】

字母	読み
乃・農	の
八・波	は
者	は
盤	は
盤・半	は
飛	ひ
婦	ふ

▼問題7

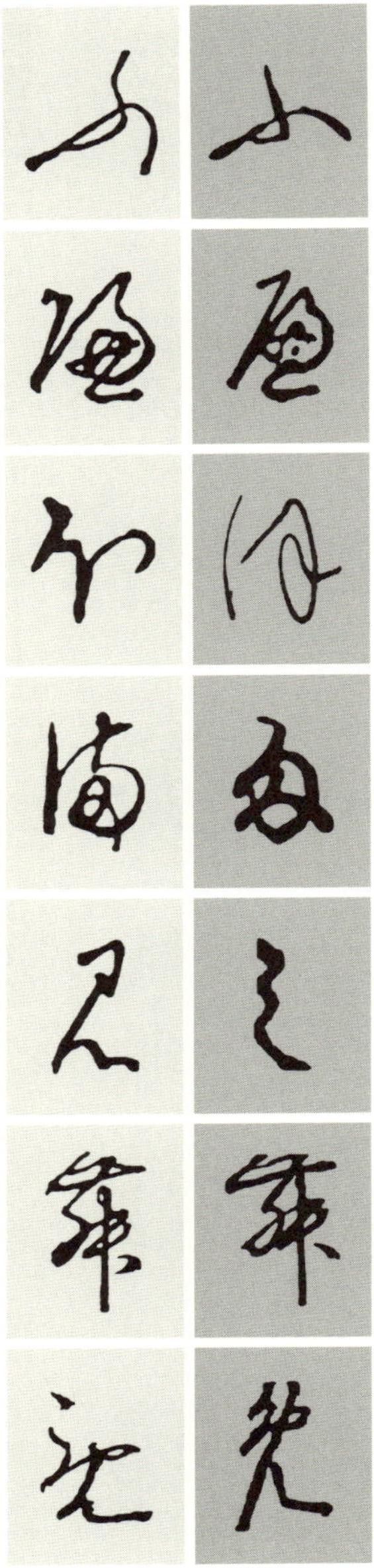

▼問題8

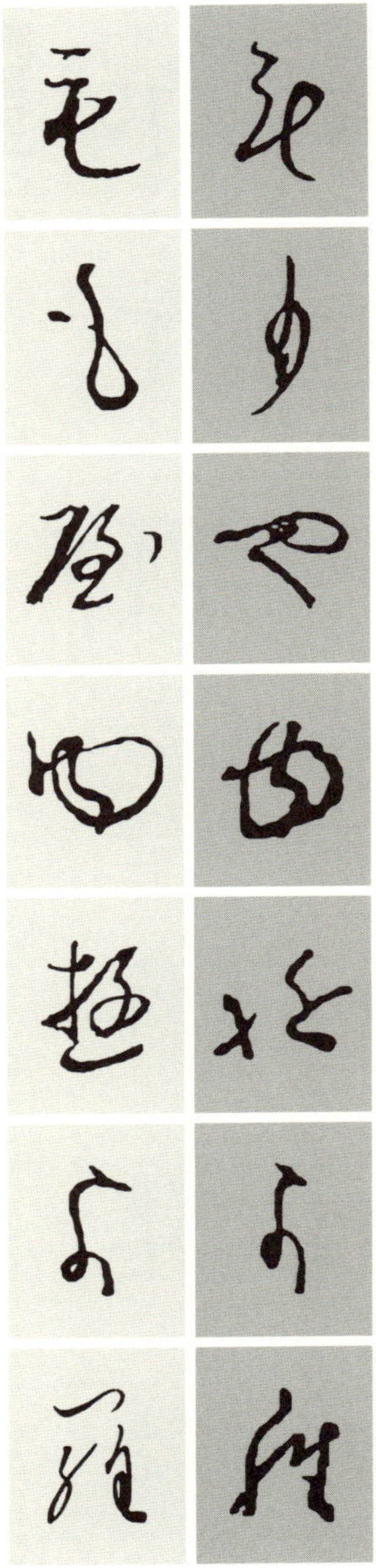

【解答7】

字母	読み
不	ふ
遍	へ
保・本	ほ
満	ま
三・見	み
舞	む
免	め

【解答8】

字母	読み
毛	も
毛	も
也・屋	や
由	ゆ
遊	ゆ
与	よ
羅	ら

▼問題9

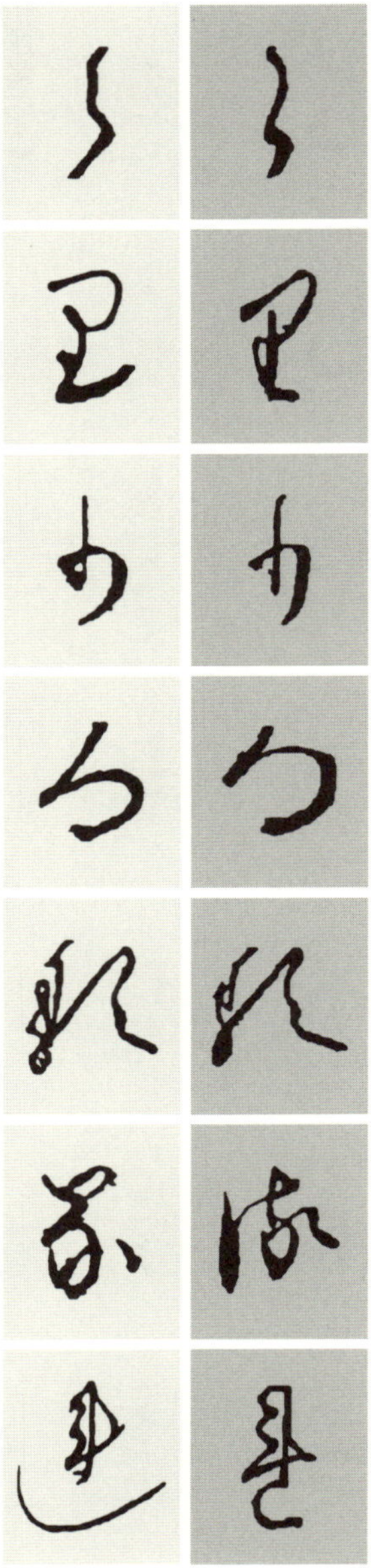

▼問題10

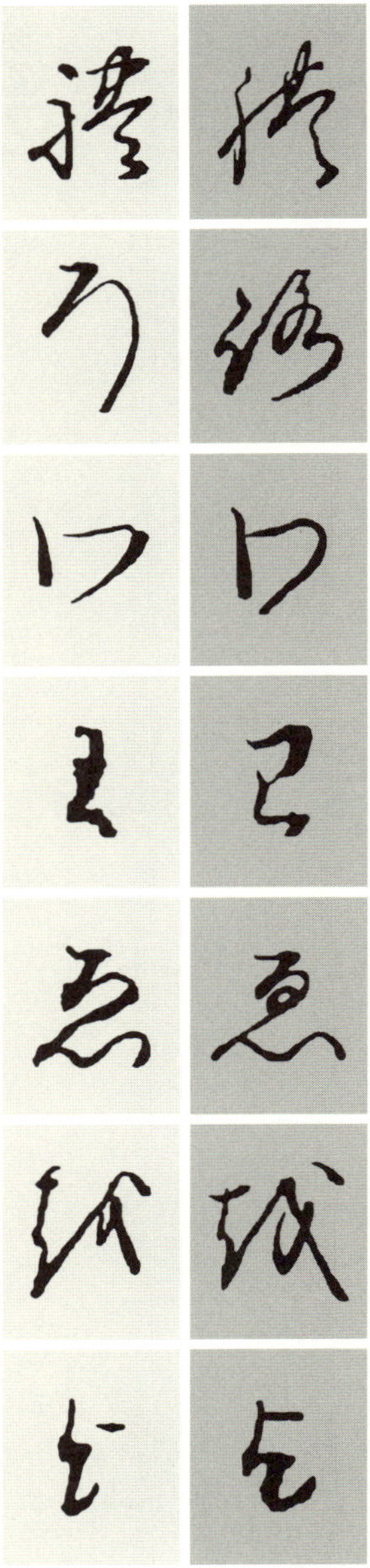

【解答9】

良	里	利	留	類	流・累	連
ら	り	り	る	る	る	れ

【解答10】

禮	路・呂	和	王	恵	越	遠
れ	ろ	わ	わ	ゐ	を	を

得点表 【確認テスト】変体仮名

内容	問題1	問題2	問題3	問題4	問題5	問題6	問題7	問題8	問題9	問題10	
配点／日付	14	14	14	14	14	14	14	14	14	14	計140
1／											
2／											
3／											
4／											
5／											
6／											
7／											
8／											
9／											
10／											
11／											
12／											

基礎知識② 七〇の偏や旁のくずしに注目する

偏《へん》や旁《つくり》などの漢字の一部分のくずしに注目して、部分的に解読していくと、漢字が読めることがよくあります。ここでは、まず偏や旁の名前を挙げてあるので確認してください。なお、ここでの偏や旁の名前は、複数の言い方があるものもありますが、漢字を構成する位置をもとに分類して記しています。

その上で、どういうくずしの形になるか、くり返し書きながら覚えてください。ここも「書ければ読める」の心構えが大事です。

最後の三項目は必殺わざを収録しました。字形を覚えておくと解読の場面で結構威力を発揮します。特に、ほとんど同じように見えるくずしは要注意です。

▼偏《へん》の名前を答えてください

①池 ②仁 ③補 ④打
⑤組 ⑥記 ⑦脇 ⑧情
⑨秋 ⑩徳 ⑪猿 ⑫凍
⑬死 ⑭明 ⑮焼 ⑯限
⑰解 ⑱神 ⑲配 ⑳桜
㉑孫 ㉒鯨

▼旁《つくり》の名前を答えてください

①剣 ②顔 ③都 ④改
⑤歌 ⑥雄 ⑦形 ⑧殺
⑨観 ⑩対 ⑪戦 ⑫却
⑬断 ⑭朝

▼偏の名前　解答

①池　さんずい
②仁　にんべん
③補　ころもへん
④打　てへん
⑤組　いとへん
⑥記　ごんべん
⑦脇　にくづき
⑧情　りっしんべん
⑨秋　のぎへん
⑩徳　ぎょうにんべん
⑪猿　けものへん
⑫凍　にすい
⑬死　がつへん
⑭明　ひへん／にちへん
⑮焼　ひへん
⑯限　こざとへん
⑰解　つのへん
⑱神　しめすへん
⑲配　とりへん／さけのとり
⑳桜　きへん
㉑孫　こへん／こどもへん
㉒鯨　さかなへん／うおへん

▼旁の名前　解答

①剣　りっとう
②顔　おおがい
③都　おおざと
④改　ぼくづくり／のぶん
⑤歌　あくび
⑥雄　ふるとり
⑦形　さんづくり
⑧殺　るまた
⑨観　みる
⑩対　すんづくり
⑪戦　ほこづくり
⑫却　ふしづくり
⑬断　おのづくり
⑭朝　つき

▼冠《かんむり》の名前を答えてください

①草 ②実 ③今 ④節

⑤雲 ⑥空 ⑦罷 ⑧岩

⑨老 ⑩京 ⑪写 ⑫虚

⑬登

▼足《あし》の名前を答えてください

①恋 ②恭 ③熱 ④盆

⑤元 ⑥買

▼垂《たれ》の名前を答えてください

①原 ②病 ③屋 ④広

⑤戾

▼構《かまえ》の名前を答えてください

①開 ②国 ③区 ④衛

⑤式 ⑥戒

▼繞《にょう》の名前を答えてください

①道 ②建 ③起

▼かんむりの名前　解答

①草　くさかんむり
②実　うかんむり
③今　ひとやね／ひとがしら
④節　たけかんむり
⑤雲　あめかんむり
⑥空　あなかんむり
⑦罷　あみがしら
⑧岩　やまかんむり
⑨老　おいかんむり
⑩京　なべぶた
⑪写　わかんむり
⑫虚　とらかんむり
⑬登　はつがしら

▼あしの名前　解答

①恋　こころ
②恭　したごころ
③熱　れんが／れっか
④盆　さら
⑤元　ひとあし／にんにょう
⑥買　こがい

▼たれの名前　解答

①原　がんだれ
②病　やまいだれ
③屋　しかばね
④広　まだれ
⑤戻　とだれ

▼かまえの名前　解答

①開　もんがまえ
②国　くにがまえ
③区　はこがまえ
④衛　ぎょうがまえ／ゆきがまえ
⑤式　しきがまえ
⑥戒　ほこがまえ

▼にょうの名前　解答

①道　しんにょう／しんにゅう
②建　えんにょう／いんにょう
③起　そうにょう

基礎知識② 偏や旁の問題（七〇点満点）

偏①（七点）

偏	数	名称	くずし
氵	2	さんずい	
亻	2	にんべん	
彳	2	ぎょうにんべん	
言	2	ごんべん	
足	2	あしへん	
忄	1	りっしんべん	
巾	1	はばへん	

 このくずしは三通り。言偏と足偏は似ている

＊上段＝問題（数はくずし字体の数）・下段＝解答

偏②（一一点）

偏	数	名称	くずし
方	1	ほうへん	
扌	1	てへん	
木	1	きへん	
犭	1	けものへん	
月	1	にくづき	
身	2	みへん	
車	2	くるまへん	
馬	2	うまへん	
阝	2	こざとへん	
魚	1	うおへん	
虫	1	むしへん	

偏③（七点）

偏	数	名称
金	3	かねへん
飠	1	しょくへん
令	1	
糸	2	いとへん
耳	1	みみへん
貝	1	かいへん
角	1	つのへん

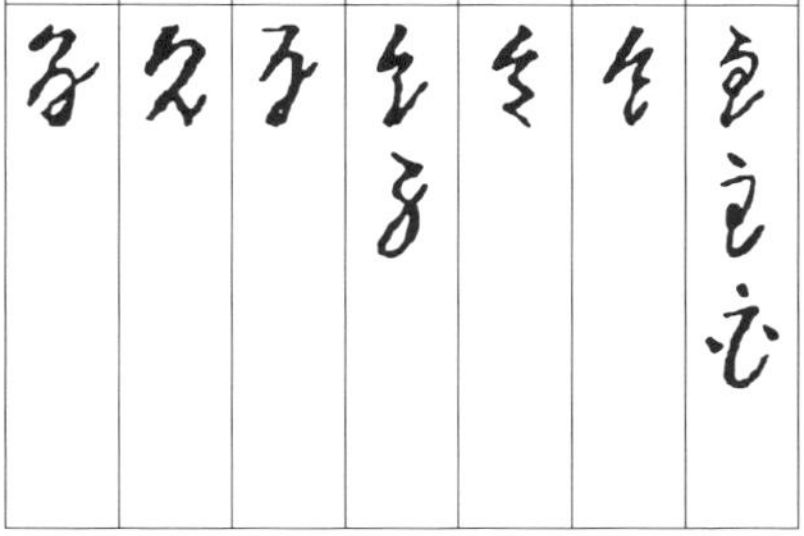

旁（八点）

旁	数	名称
隹	3	ふるとり
攵	2	のぶん（＊）
刂	2	りっとう
卩	1	ふしづくり
殳	1	るまた
亥	1	
交	1	
夲	1	

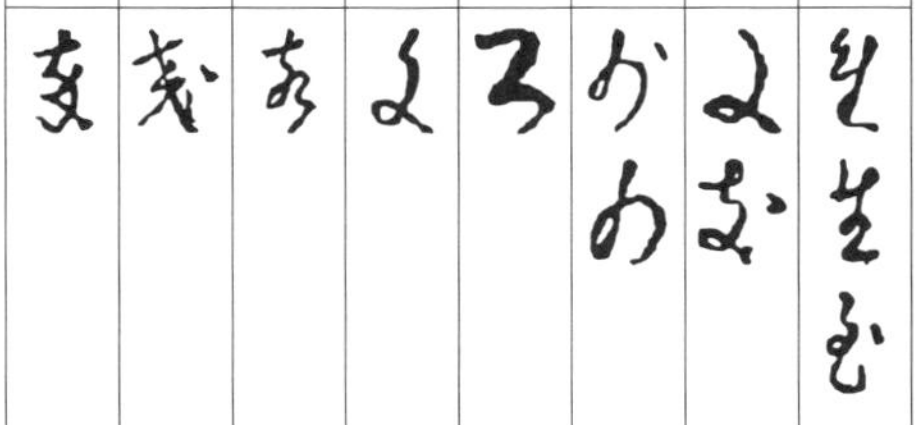

＊「攵」は「攴」の省略形

冠（一一点）

𠆢	1 ひとやね	
宀	1 うかんむり	
⺮	2 たけかんむり	
虍	1 とらかんむり	
⻗	1 あめかんむり	
癶	4 はつがしら	
無	2 無・舞など	
莫	1 墓・幕など	
严	2 慶・鹿など	
曲	1 農・豊など	
垂	1 垂・乗るなど	

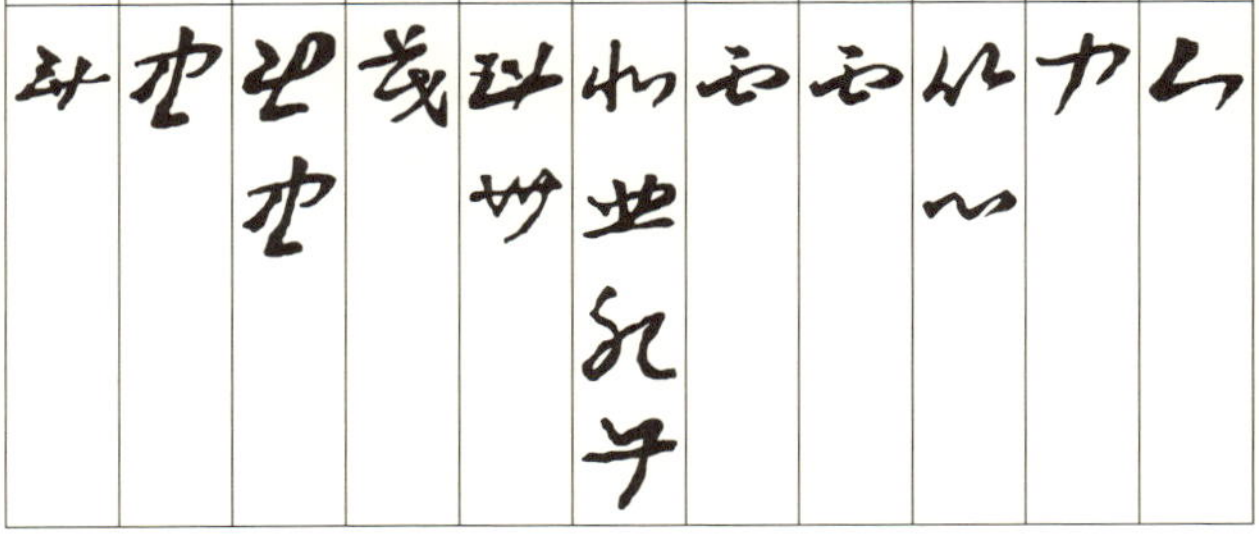

足（一点）

皿	1 さら	

構（二点）

囗	1 くにがまえ	
門	2 もんがまえ	

その他（六点）

其	1 基・期など	
甚	1 勘・斟など	
享	1 敦・孰など	
骨	1 骸など	
革	1 靴など	
卓	1 朝・幹など	

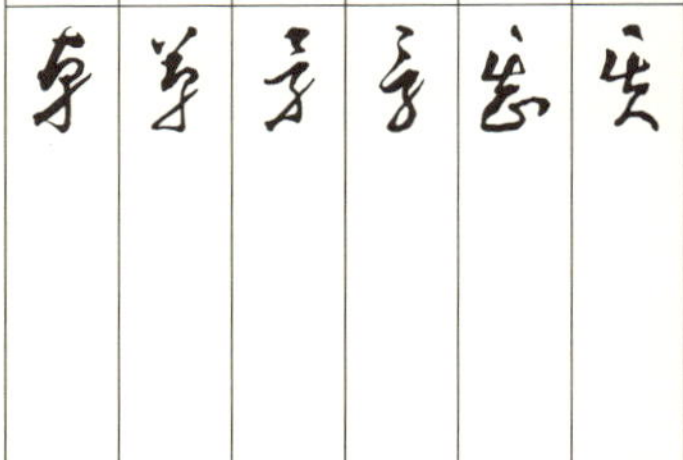

必殺わざ① 「りっとう」と「のぶん」

☆りっとう【刂】は  のぶん【攵】は  と覚える

▼問題 次の漢字のくずしを読んでみよう。（八点）

① 
② 
③ 
④ 
⑤ 
⑥ 
⑦ 
⑧ 

＊刂・攵の形で書かれることも多い。

＊「りっとう」は点がない場合もある。「のぶん」は「攴」と書くこともある。

【例】到  到  到  教  致  致 

▼解答

① 列 
② 前 
③ 則 
④ 別 
⑤ 刻 
⑥ 敷 
⑦ 散 
⑧ 教 

必殺わざ② 「ほこづくり」

▼問題　次の漢字のくずしを読んでみよう。（九点）

①　②　③　④　⑤　⑥　⑦　⑧　⑨

＊①と②、⑧と⑨は同じ答です。

▼解答

＊■の字はほこづくりではありませんが、似ているくずしなので注意が必要です。

①②成   ③来  ④我  ⑤家  ⑥或  ⑦戌  ⑧⑨武  

【参考】戊（つちのえ） 　幾 　弐 　貳 　式 

必殺わざ③ 旁の形で候補をしぼる

☆漢字の旁の部分が、①から④のような形になっている時、

①　②　③　④

①さんづくり（例「形」）・おおがい（例「願」）・あくび（例「欲」）。

②つき（例「朝」）・おおざと（例「都」）・「跡」などの右側のくずし。

③行・肝・折などの右側は似たくずしになる。

（折）

④朽・巧などの右側（丂）。

（朽）

★絶対マスターしよう

彡頁欠

↓

月亦阝

↓

亍干斤

↓

得点表　七〇の偏や旁

内容	偏①	偏②	偏③	旁	冠	足・構など	必殺わざ①	必殺わざ②	
配点／日付	7	11	7	8	11	9	8	9	計70
1 ／									
2 ／									
3 ／									
4 ／									
5 ／									
6 ／									
7 ／									
8 ／									
9 ／									
10 ／									
11 ／									
12 ／									

「必殺わざ」はどうでしたか。これは、解読の時の有力な武器になりますから習得しておきましょう。

それでは、偏や旁の形をどのくらいマスターできたのかを試すための確認テストに挑戦してください。二〇字ずつの問題が八題、計一六〇字の問題があります。日を置いて何度か解読し、一六〇字すべてを瞬時に読めるようになるまで、くり返し学習してください。

ほとんど読めるようになっても、そこで安心してはいけません。実際に字形を真似して書いて覚える作業も重要なのです。「見てわかる」より「書ければ読める」を合い言葉に学習を進めてほしいと思います。

解答はそれぞれ次頁にあります。

＊以下、確認テストの切り貼り文字の出典『草露貫珠』元禄九年本。

確認テスト 偏・旁

偏の1

解答 偏の1

確認テスト 偏・旁

偏の2

①

②

③

④

⑤

⑥

⑦

⑧

⑨

⑩

⑪

⑫

⑬

⑭

⑮

⑯

⑰

⑱

⑲

⑳

解答

偏の2

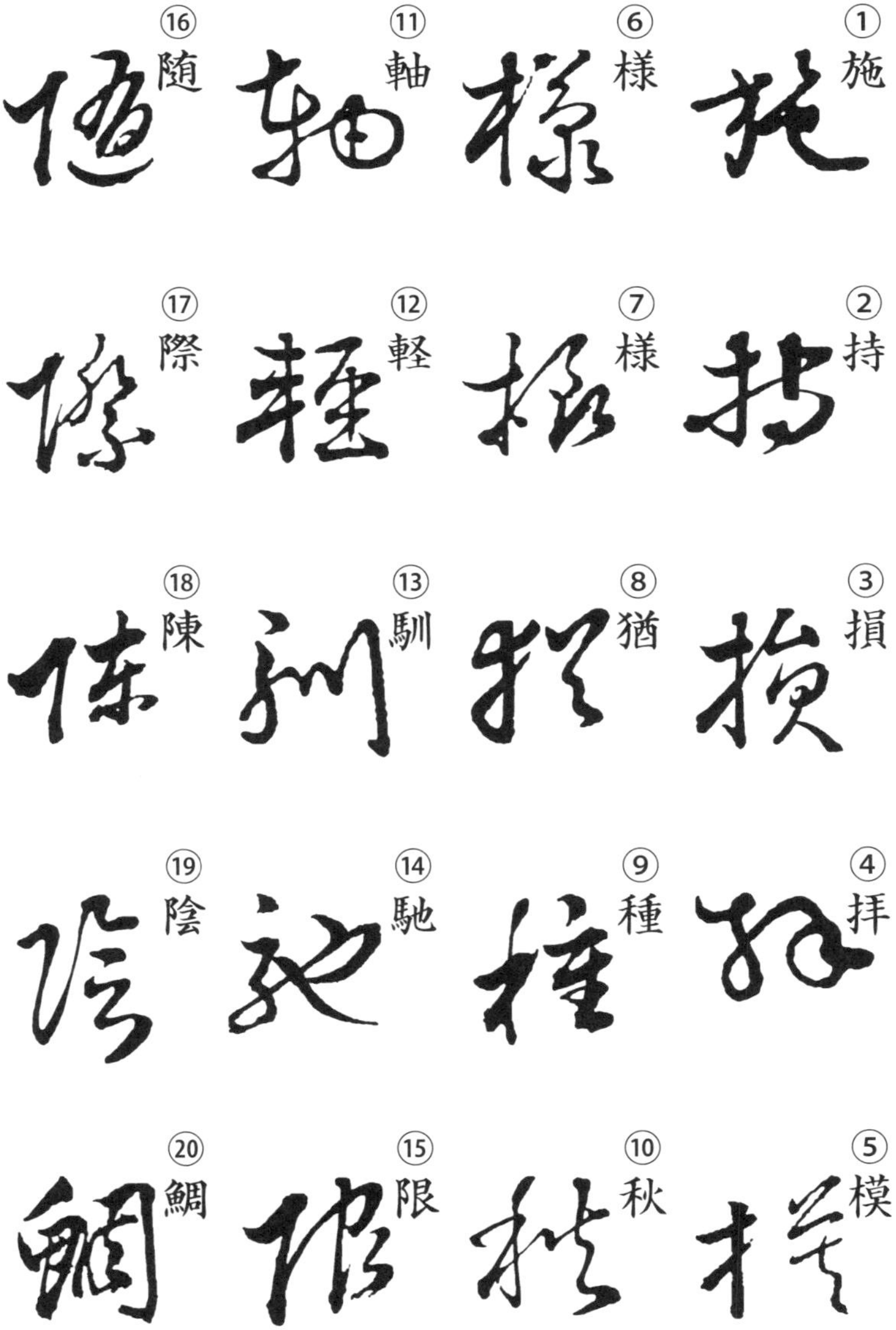
① 施
② 持
③ 損
④ 拝
⑤ 模
⑥ 様
⑦ 様
⑧ 猶
⑨ 種
⑩ 秋
⑪ 軸
⑫ 軽
⑬ 馴
⑭ 馳
⑮ 限
⑯ 随
⑰ 際
⑱ 陳
⑲ 陰
⑳ 鯛

確認テスト　偏・旁

偏の3

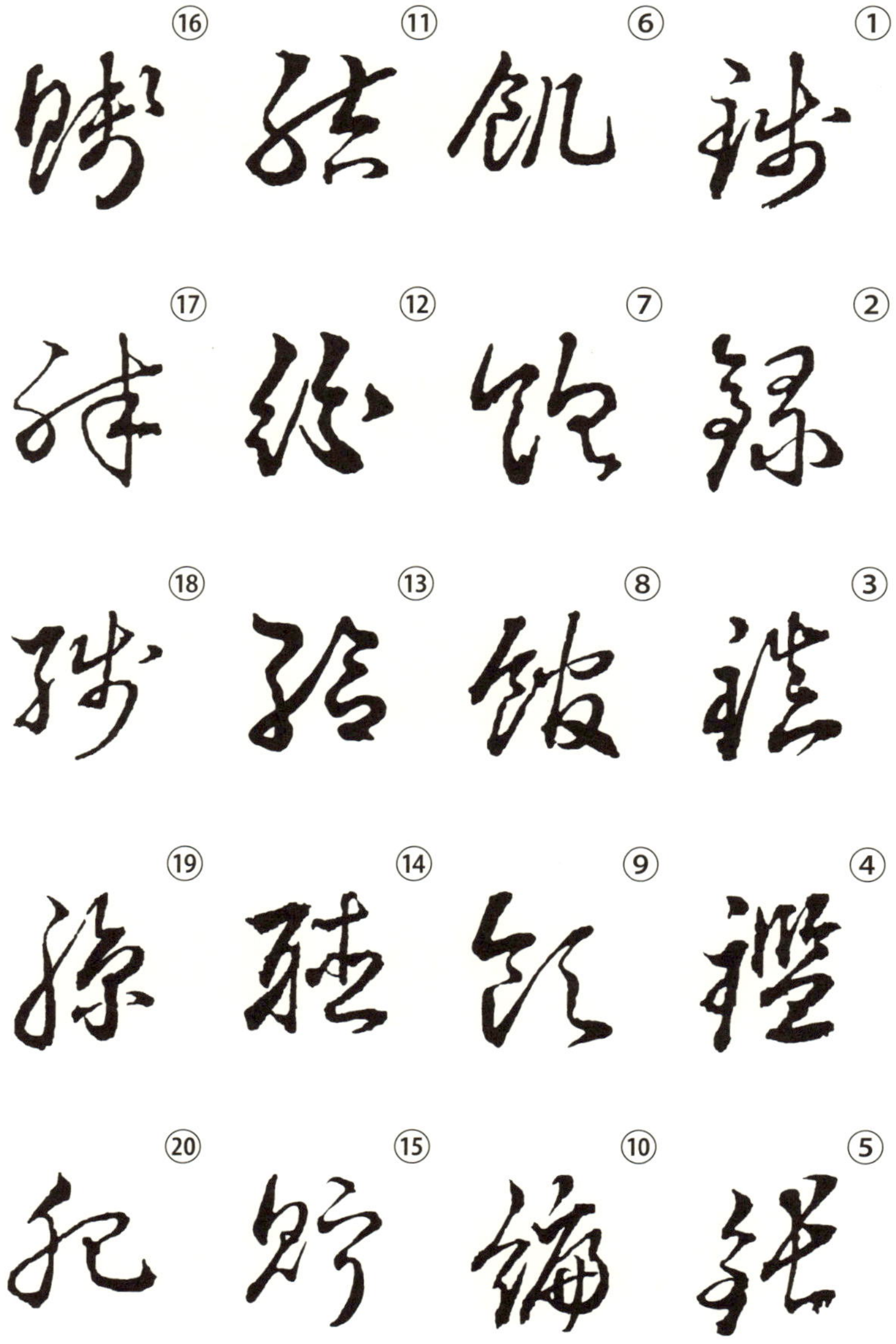

解答

偏の3

① 銭

② 録

③ 鎮

④ 鑑

⑤ 鈍

⑥ 飢

⑦ 飽

⑧ 館

⑨ 領

⑩ 編

⑪ 結

⑫ 紛

⑬ 給

⑭ 聴

⑮ 貯

⑯ 賤

⑰ 殊

⑱ 残

⑲ 孫

⑳ 肥

確認テスト　偏・旁

その他の偏・しんにょう、旁

解答

その他の偏・しんにょう、旁

蜂

越

端

硯

道

過

達

遣

迄

難

雖

敷

散

敬

判

節

殺

骸

校

染

確認テスト　偏・旁
冠の1

解答　冠の1

①今

②令

③富

④察

⑤寄

⑥籠

⑦筆

⑧簡

⑨霊

⑩寒

⑪覆

⑫雲

⑬登

⑭祭

⑮舞

⑯慕

⑰墓

⑱慶

⑲豊

⑳乗

確認テスト 偏・旁

冠の2

解答 冠の2

①貫 ②費 ③輩 ④背 ⑤愛
⑥着 ⑦善 ⑧差 ⑨答 ⑩景
⑪衆 ⑫羅 ⑬黄 ⑭参 ⑮薬
⑯蔵 ⑰草 ⑱蒙 ⑲萌 ⑳若

確認テスト 偏・旁

足・構・その他

解答 足・構・その他

①益

②益

③盃

④愚

⑤念

⑥意

⑦懸

⑧懇

⑨間

⑩聞

⑪其

⑫期

⑬勘

⑭朝

⑮歓

⑯龍

⑰鶴

⑱恭

⑲惣

⑳悪

確認テスト　偏・旁

必殺わざ

①

②

③

④

⑤

⑥

⑦

⑧

⑨

⑩

⑪

⑫

⑬

⑭

⑮

⑯

⑰

⑱

⑲

⑳

解答

必殺わざ

①制

②前

③教

④我

⑤家

⑥城

⑦弐

⑧彫

⑨顕

⑩願

⑪頼

⑫頭

⑬頭

⑭欲

⑮潮

⑯明

⑰都

⑱折

⑲行

⑳衛

得点表

【確認テスト】偏や旁

内容	偏の1	偏の2	偏の3	その他の偏	冠の1	冠の2	足・構など	必殺わざ	
配点／日付	20	20	20	20	20	20	20	20	計 160
1／									
2／									
3／									
4／									
5／									
6／									
7／									
8／									
9／									
10／									
11／									
12／									

基礎知識③　旧字体七〇字を覚える

私たちが義務教育等で習ってきた漢字は新字体で、一九四九年（昭和二四）に定められた「当用漢字字体表」に基づいていています。これに対して中世・近世から戦前まで使われていた漢字を旧字体と言います。むしろ古文書では旧字体が標準文字ですから、代表的な旧字は覚えておく必要があります。

ここでは、旧字を見ながら新字体を書いてもらいますが、旧字を新字に、新字を旧字にと、どちらからでも書けるようにしておきたいものです。

基礎知識③　旧字の問題（七〇点満点）

▼なじみのある旧字（一六点）

見覚えのある旧字です。新字を書いてみよう。

◉ 旧字

旧字	
國	
發	
觸	
會	
寫	
稱	
條	
舊	
實	
澤	
龍	
佛	
濱	
邊	
餘	
勵	

◉ 旧字㊨　新字㊧

旧字	新字
國	国
發	発
觸	触
會	会
寫	写
稱	称
條	条
舊	旧
實	実
澤	沢
龍	竜
佛	仏
濱	浜
邊	辺
餘	余
勵	励

▼解読で役立つ旧字（一八点）

旧字の字形をしっかり覚え、新字を書いてみよう。

◉旧字

旧字	新字
證	
應	
轉	
圓	
碎	
萬	
亂	
拜	
擔	
學	
體	
燈	
假	
繪	
獻	
續	
對	
禮	

◉旧字㊨　新字㊧

旧字	新字
證	証
應	応
轉	転
圓	円
碎	砕
萬	万
亂	乱
拜	拝
擔	担
學	学
體	体
燈	灯
假	仮
繪	絵
獻	献
續	続
對	対
禮	礼

▼注意すべき旧字①（一八字）

旧字は画数が比較的多いです。新字を書いてみよう。

◉ 旧字

旧字	
圖	
竊	
臺	
團	
廳	
經	
濟	
區	
廣	
效	
聲	
壽	
收	
雙	
貳	
豫	
鐵	
點	

◉ 旧字㊨ 新字㊧

旧字	新字
圖	図
竊	窃
臺	台
團	団
廳	庁
經	経
濟	済
區	区
廣	広
效	効
聲	声
壽	寿
收	収
雙	双
貳	弐
豫	予
鐵	鉄
點	点

▼注意すべき旧字②（一八字）

旧字も書きながら、新字を書いてみよう。

◉旧字

旧字	
黨	
辨	
寶	
搖	
醫	
價	
覺	
擧	
藝	
圍	
鹽	
畫	
缺	
號	
辭	
氣	
癡	
晝	

◉旧字㊨　新字㊧

旧字	新字
黨	党
辨	弁
寶	宝
搖	揺
醫	医
價	価
覺	覚
擧	挙
藝	芸
圍	囲
鹽	塩
畫	画
缺	欠
號	号
辭	辞
氣	気
癡	痴
晝	昼

得点表

旧字体

内容	なじみ	役立ち	注意①	注意②	
配点／日付	16	18	18	18	計 70
1 ／					
2 ／					
3 ／					
4 ／					
5 ／					
6 ／					
7 ／					
8 ／					
9 ／					
10 ／					
11 ／					
12 ／					

確認テスト　旧字体

①から⑳の旧字のくずし字を新字体で解読しなさい。

解答

旧字体

①續（続）
②轉（転）
③藝（芸）
④當（当）
⑤豫（予）

⑥經（経）
⑦燈（灯）
⑧應（応）
⑨畫（画）
⑩臺（台）

⑪團（団）
⑫圓（円）
⑬餘（余）
⑭邊（辺）
⑮竊（窃）

⑯氣（気）
⑰觸（触）
⑱聲（声）
⑲晝（昼）
⑳龍（竜）

＊（　）内は新字

得点表　【確認テスト】旧字体

日付 / 配点	1 ／	2 ／	3 ／
計 20			

基礎知識④　異体字七〇字を習得する

異体字とは、漢字の字体のうち標準字体以外のものを言います。仮名（変体仮名）も異体字と呼ぶことがありますが、通常は漢字のみを指します。近世文書を見ると、現代の常用漢字ではない違った字形を書く漢字が多く見られます。違った字体（異体字）を知らないと解読は困難です。ここでは頻出する異体字を集めて、テスト形式にしてみました。

＊出典文字フォント：CD版「今昔文字鏡」

基礎知識④　異体字の問題（七〇点満点）

▼頻出する異体字（一四点）

異体字を楷書で書いてみよう。

◉ 常用漢字

常用漢字	
部	
等	
州	
旨	
時	
魚	
最	
員	
負	
迄	
慥	
楽	
留	
違	

◉ 常用漢字㊨　異体字㊧

常用漢字	異体字
部	了
等	朩
州	刄
旨	𣅀
時	时
魚	奂
最	㝡
員	貟
負	屓
迄	迠
慥	㥛
楽	乐
留	畄
違	遠

▼重要な異体字（一四点）

異体字を楷書で書いてみる。

◉ 常用漢字

常用漢字	
凡	
召	
執	
承	
参	
剋	
船	
解	
橋	
難	
職	
頭	
往	
段	

◉ 常用漢字㊨　異体字㊧

常用漢字	異体字
凡	凢
召	㕣
執	犱
承	羕
参	叅
剋	尅
船	舩
解	觧
橋	槗
難	𩀨
職	軄
頭	乆
往	徃
段	叹

▼注意すべき異体字①（一四点）

異体字を楷書で書いてみよう。

◉ 常用漢字

常用漢字	
喜	
再	
逃	
災	
紙	
役	
糾	
事	
年	
忝	
怪	
朔	
脈	
筍	

◉ 常用漢字㊨　異体字㊧

常用漢字	異体字
喜	㐂
再	冄
逃	迯
災	灾
紙	帋
役	伇
糾	糺
事	叓
年	秊
忝	𢖏
怪	恠
朔	𦝫
脈	脉
筍	笋

▼注意すべき異体字②（一四点）

異体字を楷書で書いてみよう。

◉ 常用漢字

常用漢字	
網	
処	
形	
剣	
規	
秋	
異	
畢	
駆	
養	
閏	
窓	
庭	
兼	

◉ 常用漢字㊨　異体字㊧

常用漢字	異体字
網	䋄
処	䖏
形	⿰开欠
剣	釼
規	䂓
秋	⿰火禾
異	⿱口大
畢	旱
駆	駈
養	⿰羊良
閏	壬
窓	窻
庭	⿺辶廷
兼	⿱兼灬

▼注意すべき異体字③（一四点）

異体字を楷書で書いてみよう。

◎

常用漢字	
数	
盛	
薬	
野	
爾	
恥	
歌	
因	
国	
堂	
弘	
棄	
興	
鑑	

◎

常用漢字㊨	異体字㊧
数	敉
盛	⿹成皿
薬	菋
野	墅
爾	尓
恥	耻
歌	哥
因	囙
国	囻
堂	坣
弘	⿰方厶
棄	弃
興	㒷
鑑	鑒

得点表　異体字

内容	頻出	重要	注意①	注意②	注意③	
配点／日付	14	14	14	14	14	計 70
1 ／						
2 ／						
3 ／						
4 ／						
5 ／						
6 ／						
7 ／						
8 ／						
9 ／						
10 ／						
11 ／						
12 ／						

確認テスト　異体字

①から⑳の異体字のくずし字を新字体で解読しなさい。

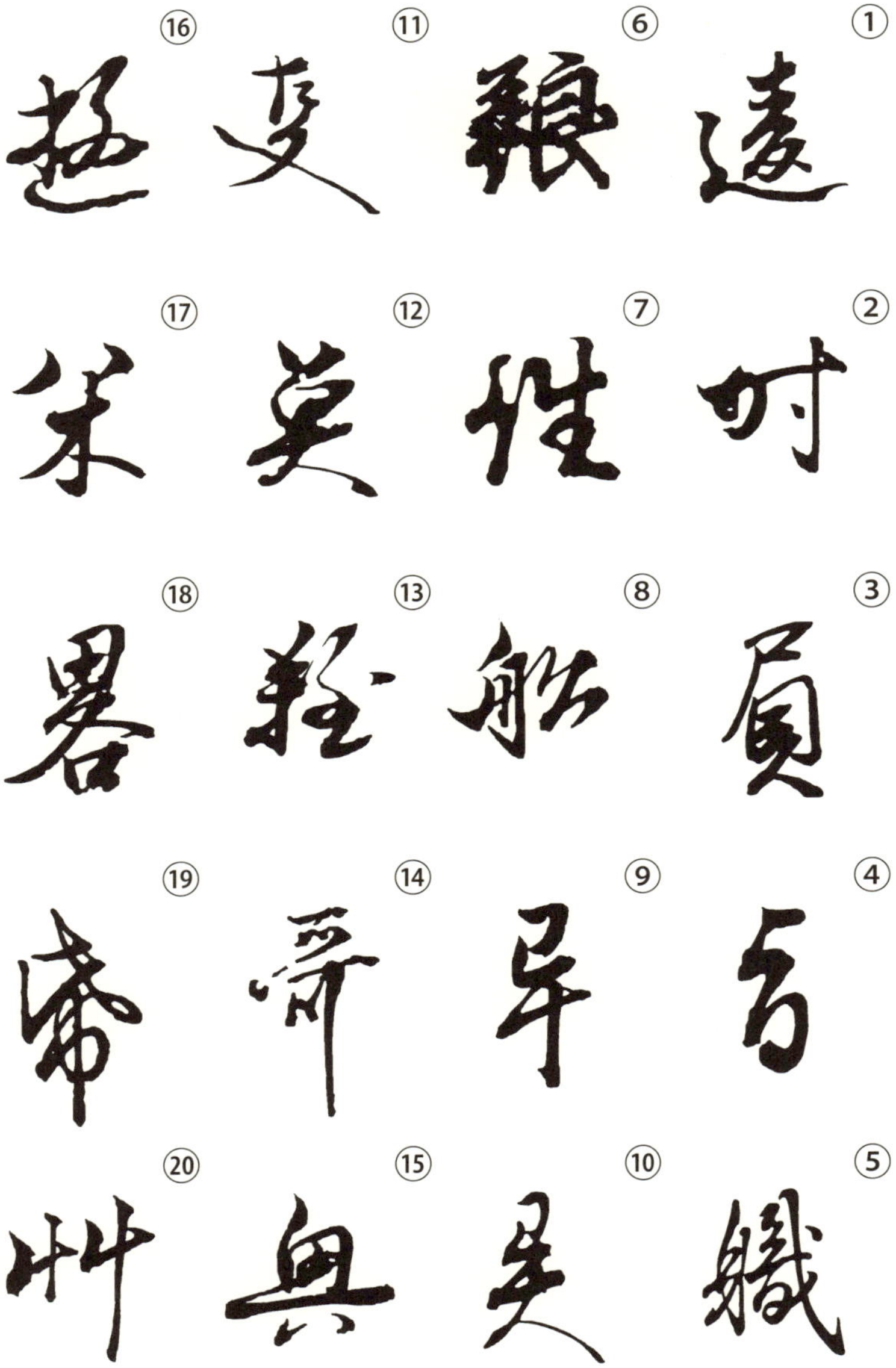

解答

異体字

＊（　）内は新字

① 遠（違）

② 时（時）

③ 肙（負）

④ 㫖（旨）

⑤ 軄（職）

⑥ 粮（養）

⑦ 徃（往）

⑧ 舩（船）

⑨ 㪅（畢）

⑩ 㒷（異）

⑪ 叓（事）

⑫ 奐（魚）

⑬ 𩀱（難）

⑭ 哥（歌）

⑮ 㒷（興）

⑯ 遊（游）

⑰ 八木（米）

⑱ 畧（略）

⑲ 帋（紙）

⑳ 艸（草）

得点表　【確認テスト】異体字

日付 ＼ 配点	1 ／	2 ／	3 ／
計 20			

基礎知識⑤　頻出漢字七〇字の読みに慣れる

▼漢字の読みに慣れる

ここでは、古文書に頻出する漢字・熟語・歴史用語などを集めました。なんどもくり返し学習し、すらすら読めるようにしてください。

「可」、「被」、「令」、「為」、「蒙」、「罷」は近世文書では頻繁に出てきますが、これらが組み合わさるとどう読むのかも大事です。解読できても、読み方がわからないともったいないですよね。漢字検定の読み方の問題のようで恐縮ですが、がんばって乗り越えてください。

ここでは、一字・二字の漢字や歴史用語の読みの問題が七〇題あります。七〇題といっても一題あたり四問ありますから実際は二八〇問で、一題四問を全部読めて一点として計算してください。解答には言葉の意味も入れておきましたから、これも押さえておきましょう。なお、読み方が複数あるものもありますが、一つ合っていれば正解とします。

確認テストでは、古文書で頻出する「可」「被」「令」「為」「蒙」「罷」などを含む、文節・短文を読み下す問題を出題しています。これらは、近世文書の常套句と言ってもいいほどの重要頻出表現です。この表現もくり返し練習することで、慣れ親しんでください。

要確認

可（助動詞）べく　べし　べき
被（助動詞）る　らる　れ　られ　（動詞）こうむる
令（助動詞）しむ　せしむ
為（助動詞）せ　させ　たり　たる　（名詞）ため
（助動詞「す」の連用形「し」に接続助詞の「て」）して
蒙（動　詞）こうむる
罷（動　詞）まかる

基礎知識⑤　頻出漢字の問題（七〇点満点）

【一字の漢字】 次の漢字を訓読みしなさい。（七点）

❶ 可　件　抔　者

❷ 幷　歟　嘸　偶

❸ 太　僅　費　抑

❹ 平　扣　圦　砌

❺ 爰　扱　耳　勿

❻ 輩　乍　宛　倩

❼ 験　序　廉　晦

【解答】（四つとも読めて一点　七点満点）

❶ 可　べく　べし　べき（助動詞）　件　くだん　抔　など
者　てえれば（接続詞）　は（助詞）

❷ 幷　ならびに（並は別字）　歟　か（反語・疑問の係助詞）
嘸　さぞ　偶　たまたま（適も同じ）

❸ 太　はなはだ　僅　わずか　費　ついえ　抑　そもそも

❹ 平　ならし　扣　ひかえ　圦　いり　砌　みぎり

❺ 爰　ここ　扨　さて　耳　のみ　勿　なかれ

❻ 輩　ともがら　乍　ながら　宛　ずつ　倩　つらつら

❼ 験　しるし　序　ついで　廉　かど（理由・事柄）
晦　つごもり　みそか（晦日も同じ　月末の日）

次の【漢字の訓読み】の問題は、一四題ですが実際は五六問あります。歴史講座の受講生に挑戦してもらい、その得点集計を出していますので参考にしてください。

【漢字の訓読み】 次の漢字を訓読みしなさい。（一四点）

❶ 奉る　罷る　蒙る　仕る

❷ 承る　纔に　争か　被る

❸ 懇に　窃に　剰え　彳む

❹ 夙に　辷る　労る　枉げる

❺ 迚も　捌く　確と　綺う

❻ 犇く　夥しく　剪る　擬える

❼ 軈て　喧し　佇む　寛ぐ

❽ 慥に　畢ぬ　態と　甚だしく

❾ 普く　寔に　聢と　強に

❿ 須く　偏に　拵える　進らす

⓫ 拭う　憑む　憚る　忽ち

⓬ 雖も　聊か　況や　審らか

⓭ 具に　忝く　恣に　掠む

⓮ 捗る　輙く　俄に　尤も

【解答】（四つとも読めて一点　一四点満点）

❶ 奉（たてまつ）る　罷（まか）る　蒙（こうむ）る　仕（つかまつ）る

❷ 承（うけたまわ）る　纔（わずか）に　争（いかで）か　被（こうむ・かぶ）る

❸ 懇（ねんごろ）に　窃（ひそか）に　剰（あまつさ）え　彳（ただず）む

❹ 夙（つと）に　辷（すべ）る　労（いたわ）る　枉（ま）げる

❺ 迚（とて）も　捌（さば）く　確（しか）と　綺（いろ）う

❻ 犇（ひしめ）く　夥（おびただ）しく　剪（き）る　擬（なぞら）える

❼ 軈（やが）て　喧（やかま・かまびす）し　佇（ただず）む　寛（くつろ）ぐ

❽ 慥（たしか）に　畢（おわん）ぬ＝了ぬ　態（わざ）と　甚（はなは）だしく

❾ 普（あまね）く　寔（まこと）に　聢（しか）と　強（あながち）に

❿ 須（すべから）く　偏（ひとえ）に　拵（こしら）える　進（まい）らす

⓫ 拭（ぬぐ）う　憑（たの）む　憚（はばか）る　忽（たちま）ち

⓬ 雖（いえど）も　聊（いささ）か　況（いわん）や　審（つまび）らか

⓭ 具（つぶさ）に　忝（かたじけな）く　恣（ほしいまま）に　掠（かす）む

⓮ 捗（はかど）る　輙（たやす）く　俄（にわか）に　尤（もっと）も

【正解率と得点分布表】

＊（　）内の数字は正解率（％）

❶ 奉る（89） 罷る（59） 蒙る（89） 仕る（67）

❷ 承る（63） 繞に（3） 争か（13） 被る（92）

❸ 愬に（70） 窃に（20） 剰え（26） 彳む（46）

❹ 夙に（26） 辷る（33） 労る（43） 枉げる（20）

❺ 迚も（17） 捌く（56） 確と（63） 綺う（3）

❻ 犇く（26） 夥しく（40） 剪る（33） 擬える（20）

❼ 聴て（17） 喧し（20） 佇む（89） 寛ぐ（63）

❽ 慥に（26） 畢ぬ（26） 態と（26） 甚だしく（50）

❾ 普く（43） 寔に（3） 聢と（13） 強に（10）

❿ 須く（33） 偏に（73） 拵える（43） 進らす（7）

⓫ 拭う（70） 憑む（7） 憚る（79） 忽ち（79）

⓬ 雖も（53） 聊か（33） 況や（67） 審らか（70）

⓭ 具に（26） 忝く（33） 恣に（13） 掠む（36）

⓮ 捗る（23） 輙く（0） 俄に（79） 尤も（86）

歴史講座受講生
56点満点の結果
平均点　23・5点

補足説明　「輙（たやす）く」は正解率0％、「輙ち」だと「すなわち」となる。「繞（わずか）に」「綺（いろ）う」「寔（まこと）に」は正解率3％と低い。「甚」は「甚（はなは）だしく」と「甚（いた）く」とがある。

点数	人数
50	1
44	1
43	1
39	1
36	1
32	1
31	1
29	1
28	3
26	2
25	1
24	1
23	1
19〜	14

【二字の熟語①】次の熟語を読みなさい。読みは五〇音順になっています。（一二点）

❶ 相対　白地　浅猿　会釈

❷ 預所　充行　穴賢　数多

❸ 有増　在判　何様　幾許

❹ 徒事　一円　一期　日外

❺ 所謂　音信　音物　請文

❻ 胡乱　往昔　起返　越度

❼ 越訴　乙名　垣内　欠落

❽ 水主　重頭　気質　帷子

❾ 川欠　川除　欠米　管領

❿ 棄捐　亀鏡　急度　向後

⓫ 交名　公界　曲事　草臥

⓬ 口米　口入　供奉　委敷

【解答】（四つとも読めて一点　一二点満点）　＊（　）内は意味を示す

❶ 相対　あいたい　白地　あからさま　浅猿　あさまし　会釈　あしらい

❷ 預所　あずかりどころ（荘園領主の代理管理者）

充行＝宛行　あてがい　あておこない（所領や禄を給与する）

穴賢　あなかしこ　数多　あまた

❸ 有増　あらまし　在判　ありはん　何様　いかよう　幾許　いくばく

❹ 徒事　いたずらごと・ただごと　一円　いちえん　一期　いちご（一生涯）

日外　いつぞや

❺ 所謂　いわゆる　音信　いんしん（たより）

音物　いんもつ・いんぶつ（贈り物）　請文　うけぶみ（命令に対する答申書）

❻ 胡乱　うろん（いいかげん）　往昔　おうせき（むかし）　起返　おこしかえし

越度　おちど

❼ 越訴　おっそ（再審請求）　乙名　おとな（一家の長・村の代表者）

垣内＝垣外　かいと　欠落　かけおち

❽水主＝水夫　かこ（船をこぐ者）　重頭　がさつ　気質　かたぎ

帷子　かたびら（裏地のない衣服）

❾川欠　かわかけ（堤防決壊）　川除　かわよけ（堤防）

欠米　かんまい（付加税米）

管領　かんれい（鎌倉時代の北条本家の家人・室町時代の将軍に次ぐ重職）

❿棄捐　きえん（貸借関係の帳消し）　亀鏡　ききょう（模範）

急度＝屹度　きっと　向後　きょうこう・こうご（今後）

⓫交名　きょうみょう（名簿）　公界　くがい（おおやけ　世間）

曲事　くせごと　草臥　くたびれ

⓬口米　くちまい（本年貢に対する付加税米）　口入　くにゅう（口入れ）

供奉　ぐぶ　委敷　くわしく

【二字の熟語②】次の熟語を読みなさい。読みは五〇音順になっています。（一二点）

❶ 頃日　懈怠　家抱　検見

❷ 高札　沽却　石盛　沽券

❸ 巨細　忽諸　割符　察当

❹ 騒立　地方　時宜　仕来

❺ 地下　入魂　実正　実体

❻ 出来　遵行　障子　定免

❼ 除地　進止　参差　助郷

❽ 済口　節会　僉議　穿鑿

❾ 左右　相庭　内裏　足高

❿ 塔頭　帯刀　仮令　知行

⓫ 逃散　停止　帳外　鳥渡

⓬ 朔日　月次　無恙　一二

【解答】（四つとも読めて一点　一二点満点）　＊（　）内は意味を示す

❶ 頃日　けいじつ（日頃　先日）　懈怠　けたい　家抱　けほう（下人）
検見　けみ（その年の収穫高に応じて年貢を決める徴税法）

❷ 高札　こうさつ　沽却　こきゃく（売却）
石盛　こくもり（田畑の石高の算定基準）　沽券　こけん（売り渡し証文）

❸ 巨細　こさい　忽諸　こっしょ（おろそかにする）
割符　さいふ（中世の為替手形）　察当　さっとう

❹ 騒立　さわだち　地方　じかた（農村のこと、町方に対する語）
時宜　じぎ　仕来　しきたり

❺ 地下　じげ（六位以下　庶民）入魂　じっこん
実正　じっしょう（確かなこと）　実体＝実躰　じってい（正直）

❻ 出来　しゅったい　遵行　じゅんぎょう（幕府の派遣使による処断執行）
障子　しょうじ　そうじ　定免　じょうめん（豊凶によらない定額の税法）

❼ 除地　じょち　よけち（免税地）　進止　しんし（支配・進退の命令）

参差　しんし（くいちがい　ふぞろい）

助郷　すけごう（宿場周辺の農村に馬の手配を課した夫役）

❽

済口　すみくち（落着）　節会　せちえ　僉議　せんぎ

穿鑿　せんさく

❾

左右　そう　さう　相庭　そうば　内裏　だいり（天皇の住居）

足高　たしだか（その役職に見合う禄高を足す）

❿

塔頭　たっちゅう（寺院の子院）　帯刀　たちはき　たいとう

仮令＝縦令　たとい　知行　ちぎょう（所領のこと、所領の支配）

⓫

逃散　ちょうさん　停止　ちょうじ　帳外　ちょうはずれ

鳥渡　ちょっと

⓬

朔日　ついたち　月次　つきなみ（毎月）　無恙　つつがなく

一二　つまびらか

【二字の熟語③】次の熟語を読みなさい。読みは五〇音順になっています。（一二点）

❶ 為体　伝馬　同断　宿直

❷ 留村　取箇　乃時　就中

❸ 何角　成丈　日限　直段

❹ 長閑　而已　八木　法度

❺ 例米　判物　日来　一向

❻ 只管　更米　夫食　不日

❼ 不躾　普請　不束　不図

❽ 補任　夫米　布衣　反古

❾ 外持　前廉　又候　区々

❿ 御法　模通　行衛　努々

⓫ 好身　余荷　寄子　無拠

⓬ 埒明　和市　詫言　和与

【解答】（四つとも読めて一点　一二点満点）

＊（　）内は意味を示す

❶ 為体＝為躰　ていたらく　伝馬　てんま（運送用の馬）
同断　どうだん（同様）　宿直　とのい

❷ 留村　とめむら　とまりむら（領主の命を村ごとに伝え受けた最後の村）
取箇　とりか（年貢）　乃時　ないじ（即刻　書き止め表現に使われる）
就中　なかんずく

❸ 何角　なにかと　成丈　なるたけ　日限　にちげん　ひぎり（日切とも）
直段　ねだん

❹ 長閑　のどか　而已　のみ　八木　はちぼく　やぎ（米のこと）
法度　はっと（法律、掟）

❺ 刎米　はねまい（不良米）　判物　はんもつ　はんもの（花押のある下達文書）
日来　ひごろ　一向　ひたすら

❻ 只管　ひたすら　更米　ふけまい（傷んだ米）
夫食　ふじき（農民の食料としての米）　不日　ふじつ（日ならず、間もなく）

❼ 不躾　ぶしつけ　普請　ふしん（建築・土木の工事）　不束　ふつつか
不図＝風与　ふと（たちまち　たやすく　ひょっと）
❽ 補任　ぶにん　夫米　ぶまい（大名・旗本などが役夫の代わりに徴収した米）
布衣　ほい（平民服）　反古＝反故　ほご
❾ 外持＝外待　ほまち（開墾地　小遣い）　前廉　まえかど（その時より前）
又候　またぞろ（またしても）　区々　まちまち
❿ 御法　みのり（法令の尊敬語）　模通　もとおる　行衛＝行方　ゆくえ
努々　ゆめゆめ
⓫ 好身　よしみ　余荷＝餘内　よない（給料の臨時の割り増し）
寄子　よりこ（下人）　無拠　よんどころなく
⓬ 埒明　らちあけ（決着）　和市　わし（双方合意に基づく売買）
詫言　わびごと　和与　わよ（和解すること）

【歴史用語】次の熟語を読みなさい。（一三点）

❶ 諱　字　職　仮名
❷ 訴状　陳状　問状　副状
❸ 公事　除目　解官　叙位
❹ 政所　右筆　朝臣　蔵人
❺ 名主　与頭　肝煎　家守
❻ 祝詞　禰宜　刀禰　産土
❼ 頂相　座主　御室　和尚
❽ 宸翰　御幸　供御　御璽
❾ 跡職　悔返　四至　下地
❿ 御教書　冥加金　小物成　解由状
⓫ 名寄帳　扶持米　一味神水　三行半
⓬ 惣追捕使　院庁下文　引付頭人　盟神探湯
⓭ 下地中分　取締出役　年貢皆済目録　地方三帳

【解答】（四つとも読めて一点　一三点満点）　＊（　）内は意味を示す

❶ 諱　いみな（生前の実名・死後につく諡《おくりな》）　字　あざな（あだな）

職　しき（権利）　仮名　けみょう（実名の諱と別の通称）

❷ 訴状　そじょう（原告の訴え状）　陳状　ちんじょう（被告の申しひらき状）

問状　といじょう（問注所から被告に発する尋問状）

副状　そえじょう（本状に添えて出す状）

❸ 公事　くじ（公の事務・訴訟・税の総称）　除目　じもく（新任官職の任命式）

解官　げかん（官職を解かれること）　叙位　じょい（位階を授かること）

❹ 政所　まんどころ（中世の政務を司る機関）　右筆　ゆうひつ（文筆事務官僚）

朝臣　あそん（古代は「あそみ」と読む）

蔵人　くろうど（皇室の業務を担う蔵人所の職員）

❺ 名主　なぬし（近世の村の代表者、中世は「みょうしゅ」と読み、名田の所有者を指す）

与頭＝組頭　くみがしら（近世の名主の補佐）　肝煎　きもいり（名主の異称）

家守　やもり（地主に代わって、家の管理をして家賃を取り立てる大家）

❻
祝詞　のりと（祭の儀式で唱える祝福のことば）　禰宜＝祢宜　ねぎ（神職）
刀禰＝刀祢　とね（神官・役人）　産土　うぶすな（氏神　鎮守　生まれた土地）

❼
頂相　ちんぞう（禅宗の高僧の肖像画）　座主　ざす（延暦寺、金剛峰寺のトップ）
御室　おむろ（仁和寺　そのトップ）
和尚　おしょう・かしょう・わじょう（禅宗では「おしょう」、華厳宗・天台宗では「かしょう」、律宗・法相宗・真言宗では「わじょう」と読む）

❽
宸翰　しんかん（天皇の直筆）　御幸　ごこう・みゆき（天皇・上皇などの外出）
供御　くご（天皇の食事）　御璽　ぎょじ（天皇の印）

❾
跡職　あとしき＝跡式（遺産と家督）　悔返　くいかえし（譲った財産を取り返す）
四至　しいし・しし（荘園等の土地の東西南北の境界）
下地　したじ（中世では土地そのものを指す）

❿
御教書　みぎょうしょ・みきょうしょ（三位以上の主の意向を受けて家司が発給した命令・伝達書）
冥加金　みょうがきん（営業税）
小物成　こものなり（年貢である本途物成以外の雑税）

解由状　げゆじょう（国司などの引き継ぎ文書）

⓫名寄帳　なよせちょう（年貢の基本土地台帳）

扶持米　ふちまい（給与としての米）

一味神水　いちみしんすい（一揆の際の神前の盟約）

三行半　みくだりはん（離縁状）

⓬惣追捕使　そうついぶし（平安末から鎌倉初期の守護の前身）

院庁下文　いんのちょうくだしぶみ（上皇の命を通達する下達文書）

引付頭人　ひきつけとうにん（中世武家の重職である引付衆のトップ）

盟神探湯　くかたち（古代の罪を決める占い）

⓭下地中分　したじちゅうぶん（鎌倉期、領家と地頭で土地を分割し所有したこと）

取締出役　とりしまりしゅつやく（浪人・悪党を取締るため置かれた幕府の役職）

年貢皆済目録　ねんぐかいさいもくろく（領主・代官からの皆済証明）

地方三帳　じかたさんちょう（成箇郷帳〈村作成〉、年貢割付状〈徴税通告帳簿〉と年貢皆済目録の三つをいう）

得点表　頻出漢字

内容	一字の漢字	漢字の訓読	二字熟語①	二字熟語②	二字熟語③	歴史用語	
配点／日付	7	14	12	12	12	13	計 70
1 ／							
2 ／							
3 ／							
4 ／							
5 ／							
6 ／							
7 ／							
8 ／							
9 ／							
10 ／							
11 ／							
12 ／							

確認テスト 頻出漢字 ①

読み下しなさい（一八点満点）

① 不罷成
② 不違
③ 不得已
④ 不止事得
⑤ 以為
⑥ 奉賀上候
⑦ 可為越度
⑧ 可被達候
⑨ 可被為在候
⑩ 可被仰聞候
⑪ 可令申候
⑫ 可令皆済者也
⑬ 被為蒙仰
⑭ 被為差置候
⑮ 被為下置候様
⑯ 被成下置候
⑰ 被仰聞置
⑱ 被為聞召分

解答　頻出漢字①

①不罷成・まかりならず

②不違・たがわず

③不得已・やむをえず

④不止事得・やんごとをえず

⑤以為・おもえらく

⑥奉賀上候・がしあげたてまつりそうろう

⑦可為越度・おちどたるべし

⑧可被達候・たっさるべくそうろう

⑨可被為在候・あらせらるべくそうろう

⑩可被仰聞候・おおせきかさるべくそうろう

⑪可令申候・もうさしむべくそうろう

⑫可令皆済者也・かいさいせしむべきものなり

⑬被為蒙仰・おおせこうむらせられ

⑭被為差置候・さしおかせられそうろう

⑮被為下置候様・くだしおかせられそうろうよう

⑯被成下置候・なしくだしおかれそうろう

⑰被仰聞置・おおせきかしおかれ

⑱被為聞召分・きこしめしわけさせられ

確認テスト 頻出漢字②

読み下しなさい（一六点満点）

①不一方

②如何敷

③乍恐

④得御意兼

⑤仍而如件

⑥奉頼上候

⑦可被為在候

⑧可被成候

⑨可被取計候

⑩為致申間敷候

⑪為取替置申候

⑫被申付置候

⑬被為仰付候

⑭被為遊候

⑮被仰遣被下候

⑯罷越居候

解答　頻出漢字②

①不一方・ひとかたならず

②如何敷・いかがわしく

③乍恐・おそれながら

④得御意兼・ぎょいをえかね

⑤仍而如件・よってくだんのごとし

⑥奉頼上候・たのみあげたてまつりそうろう

⑦可被為在候・あらせらるべくそうろう

⑧可被成候・なさるべくそうろう

⑨可被取計候・とりはからるべくそうろう

⑩為致申間敷候・いたさせもうすまじくそうろう

⑪為取替置申候・とりかわせおきもうしそうろう

⑫被申付置候・もうしつけおかれそうろう

⑬被為仰付候・おおせつけさせられそうろう

⑭被為遊候・あそばせられそうろう

⑮被仰遣被下候・おおせつかわされくだされそうろう

⑯罷越居候・まかりこしおりそうろう

得点表　**【確認テスト】頻出漢字**

内容	日付／配点	1／	2／	3／
頻出漢字①	計18			
頻出漢字②	計16			

旧暦のしくみと干支について

近世以前の人たちは「旧暦」を用いています。これは私たちが使っている「新暦」とは違うので、その特徴を押さえておく必要があります。

旧暦では、生まれたら一歳という年齢の計算、一年が一三ヶ月になる「閏月」の設定、正月は春になるという季節の問題など、いろいろと新暦の感覚と違うことが多いので、旧暦のしくみを理解しておくことが大事になります。それと十干と十二支を組み合わせた満数六〇の干支についても必須の知識となります。

日本が新暦を採用したのは、一八七三年（明治六）一月一日からなので、近世以前の古文書を読む時は、頭を旧暦に切り換えて読まなければいけません。

知っておきたい旧暦のしくみ

なぜ六月は水無月なの？　正月なのに新春？

旧暦の月日を新暦と同じだと思ったら大間違い

①四季

・春＝正月から　・夏＝四月から

・秋＝七月から　・冬＝一〇月から

②一ヶ月

・三〇日＝「大の月」

・二九日＝「小の月」

③「閏月」がある

・一九年に七回（一九年七閏法）

✿新暦の採用

明治五年一二月三日を明治六年一月一日とした

大隈重信が推進

「六月」を「水無月」という理由は、旧暦で六月は梅雨明けして雨がぜんぜん降らない「水無し」状態の月だったからです。「正月」に年賀状で「新春明けましておめでとう」と書きますが、これは旧暦の正月が春の最初の月だからです。

また「閏月」は一年が一三ヶ月になる時に出てきます。一九年に七回置かれていました。

▼閏月について

旧暦は太陰太陽暦、新暦は太陽暦です。太陰とは月のことですから旧暦は月の運行を重視してつくられています。月初の月は文字通り「新月」と言い、これはその月の「ついたち（朔月）」の月になります。三日月というのは三日に出る月だから「みかづき」というわけです。満月のことを「十五夜お月さま」と言いますが、満月はかならずその月の十五日に出る月だったわけです。このように旧暦では月の形を見れば、月初か中頃か月末かがわかるようになっていました。新暦を採用してからは「三日月」という言葉は死語になってしまったのです。

さて「新月」から次の「新月」まではほぼ二九・五日であることがわかっていましたから、旧暦では一ヶ月を二九日の「小の月」と三〇日の「大の月」の二種類、六ヶ月ずつ設定しました。これだと29×6＋30×6で合計三五四日にしかならず一一日ほど足りなくなります。そのため一年がほぼ三六五日になるように時々「閏月」を入れる方法が採られました。これによって一年が一三ヶ月ある年が、一九年に七回置かれています（一九年七閏法）。この考え方はすでに古代ギリシャで採用されていたというのですから驚きです。

閏月は、たとえば二月の後に来ると「閏二月」とか「後二月」とか記されています。

▼干支について

干支は、近世文書ではよく出てきますから、覚えておくと便利です。特に十二支は方角・時間などを表記する場合にも使われています。

十二支では最初の「子」は方角では「北」を、時間では「午前0時」を表します。

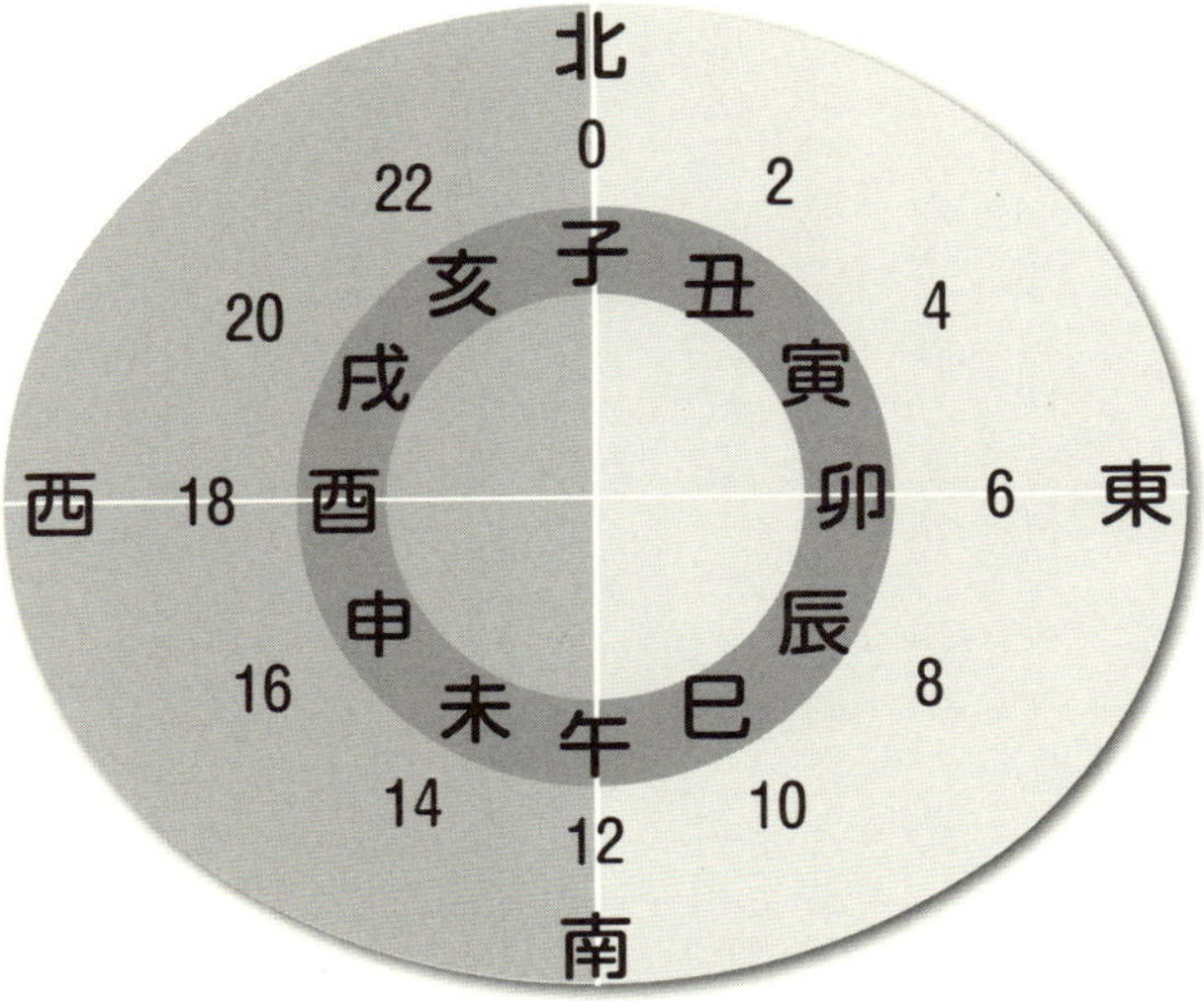

図の通りですが、今でも世界地図などで「子午《しご》線《せん》」という言葉がありますが、これは北極と南極をつなぐ線を意味しています。

また、午前中とか午後とかいう時間を表す言葉は、「午《うま》の刻」が一二時なので、「午」の前は午前中、後は午後となるわけです。

十二支がもっと身近なのは、「あなたは何年《なにどし》ですか」と聞かれて「さる年」「へび年」などと答えることですね。しかし、あなたは正しく漢字で書けるでしょうか。次頁に間違いと正解を並べたので確認してください。

（間違い）鼠・牛・虎・兎・竜・蛇・馬・羊・猿・鳥・犬・猪
（正解）**子・丑・寅・卯・辰・巳・午・未・申・酉・戌・亥**

次に「十干」について説明します。

甲・乙・丙・丁・戊・己・庚・辛・壬・癸

よみは、こう・おつ・へい・てい・ぼ・き・こう・しん・じん・き
ですが、これは音読みで、訓読みすると表のようになります。

きのえ	きのと	ひのえ	ひのと	つちのえ	つちのと	かのえ	かのと	みずのえ	みずのと
甲	乙	丙	丁	戊	己	庚	辛	壬	癸
木（き）		火（ひ）		土（つち）		金（か）		水（みず）	
木・火・土・金・水それぞれに、**え**（兄）**と**（弟）がある									

これは、中国の陰陽道の考え方で、万物を構成する五つの要素（五行）である木（き）火（ひ）土（つち）金（かね）水（みず）にそれぞれに「え」（兄・陽）と「と」（弟・陰）を

0	9	8	7	6	5	4	3	2	1
癸（みずのと）き	壬（みずのえ）じん	辛（かのと）しん	庚（かのえ）こう	己（つちのと）き	戊（つちのえ）ぼ	丁（ひのと）てい	丙（ひのえ）へい	乙（きのと）おつ	甲（きのえ）こう

12	11	10	9	8	7	6	5	4	3	2	1
亥 い	戌 いぬ	酉 とり	申 さる	未 ひつじ	午 うま	巳 み	辰 たつ	卯 う	寅 とら	丑 うし	子 ね
12・24・36・48・60	11・23・35・47・59	10・22・34・46・58	9・21・33・45・57	8・20・32・44・56	7・19・31・43・55	6・18・30・42・54	5・17・29・41・53	4・16・28・40・52	3・15・27・39・51	2・14・26・38・50	1・13・25・37・49

付けてできあがっているのです。

そしてこの十干と十二支を組み合わせて、六〇通りの干支ができあがります。

近世以前の人たちは、この干支の組み合わせを数字・順番・番号などのようにして用いるために暗記することが求められました。1番目同士の組み合わせは「甲子」でこれは1、最後の組み合わせは「癸亥」でこれは60と覚えさせられたのです。表のように十二支は12進法ですから最初の「子」は1・13・25・37・49で出てきます。十干は10進法ですから簡単で、最初の「甲」は1・11・21・31・41・51で出てきます。

1から60の干支番号表は次表のように

なります。

この表を見て、歴史に詳しい人は見覚えのある干支の組み合わせがあることに気がつくと思います。

庚午年籍・戊辰戦争・壬申の乱・乙巳の変・辛亥革命などなど。

これらが西暦何年なのか知りたい時は、辞典で調べればすぐわかりますが、もし計算して出せるとしたらすごいと思いませんか。

1	2	3	4	5	6	7	8	9	10	11	12
甲子	乙丑	丙寅	丁卯	戊辰	己巳	庚午	辛未	壬申	癸酉	甲戌	乙亥
13	14	15	16	17	18	19	20	21	22	23	24
丙子	丁丑	戊寅	己卯	庚辰	辛巳	壬午	癸未	甲申	乙酉	丙戌	丁亥
25	26	27	28	29	30	31	32	33	34	35	36
戊子	己丑	庚寅	辛卯	壬辰	癸巳	甲午	乙未	丙申	丁酉	戊戌	己亥
37	38	39	40	41	42	43	44	45	46	47	48
庚子	辛丑	壬寅	癸卯	甲辰	乙巳	丙午	丁未	戊申	己酉	庚戌	辛亥
49	50	51	52	53	54	55	56	57	58	59	60
壬子	癸丑	甲寅	乙卯	丙辰	丁巳	戊午	己未	庚申	辛酉	壬戌	癸亥

実はそれが可能なのです。干支が書かれていれば、その干支は六〇年に一回しかありませんから何世紀の出来事だということがわかっていれば、計算によって求めることができるのです。

そこで、ここでは例題として「干支から西暦を求める計算問題」を紹介しましょう。

【問題】甲子園球場はいつできたのか。西暦で答えなさい。

どうですか。この問題を解く鍵は、言うまでもなく「甲子」という干支にあるのです。「甲子」の年にできた球場だから「甲子園球場」と命名されたのでしょう。「甲子」は干支番号では1番です。次の「干支を求める式」をごらんください。

求めたい西暦をX年として、3を引いて60で割る――これが基本の式です。3を引くのは、西暦四年が干支の1番（甲子）なので、調整のためです。そして「あまり」が干支番号を表すことになります。

【干支を求める式】

（X－3）÷60＝商…あまり　「あまり」が西暦X年の干支になる

【解法】

まず甲子園は野球場ですから近代、つまり明治以降（一八六八年〜）から戦前（〜一九四五年）までの間だろうという歴史的な知識を前提にして、（X－3）を60で割ると1あまる数字の候補は一八六四年と一九二四年となります。いずれも3引いて60で割れば1あまる（干支番号1なので甲子）年です。このうち一八六四年ではまだ江戸時代ですから不適切、したがって一九二四年が甲子園のできた年と導くことができます。

答え　一九二四年

ちょっと数学のセンスも問われるところがあるので、何十年かぶりに方程式を解いたという方は、あまりよく理解できなかったかもしれません。

古文書の解読とは直接関係ないので読み飛ばしても結構だと思いますが、実は「干支」から「西暦年」を求める計算法は、特に元号がなかった古代の遺跡発掘で威力を発揮しています。

たとえば、一九六八年（昭和四三）に埼玉県の稲荷山古墳から出土した鉄剣の銘文の表側に、「辛亥年七月中記……」と刻まれ、裏側には「獲加多支鹵大王」とあり、これは「ワカタケル」と読み雄略天皇のことを指すものだとして大変な話題になりました。ここでは鉄剣の表に刻まれた「辛亥」の干支から西暦年を割り出してみます。「辛」は十干の8番目ですから、干支番号の下一桁は8と決まっています。「亥」は12・24・36・48・60で出てきますから、「辛亥」は48となります。雄略天皇は五～六世紀ごろの大和朝廷の大王《おおきみ》であることを前提に求めていくと、3引いて60で割って48あまるのは、四七一年か五三一年ということになります。このうち四七一年が有力となっています。

しつこいですが、この計算法をマスターしておくと便利なので、もう少し干支の計算の話を続けます。干支を自在に駆使することができるようになると、文書の時代背景が見えてきて、内容的にも深みのある理解ができるようになります。江戸時代の子どもたちにとっては常識中の常識であった「干支」に慣れておきましょう。

今度は「西暦から干支を求める問題」です。

【問題】日本で末法元年は一〇五二年とされています。西暦一〇五二年の干支を求めなさい。

【干支を求める式】
(X－3)÷60＝商…あまり

【解法】

まず公式にあてはめて
(1052－3)÷60＝17…29
あまりが干支番号なので干支番号29を求める。
下一桁の数字は常に十干を表すので、十干は9番目の「壬(みずのえ)」。
次に十二支は12以下になるまで12を引き続けると求められます。
すなわち29－12－12＝5　これで十二支は5番目の「辰」。
したがって干支は「壬」「辰」となります。

答え　壬辰の年

次は「干支から西暦を求める問題」です。これは応用範囲が広いので是非、計算方法を覚えてください。

【問題】次の文書に記された年代は西暦では何年から何年までか、求めなさい。

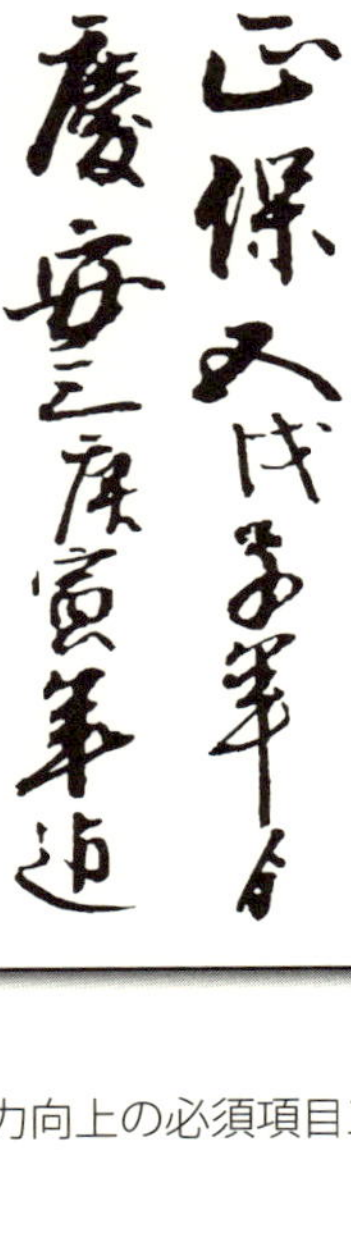
正保五戊子年ゟ　慶安三庚寅年迄

まず解読文は「正保五戊子年ゟ　慶安三庚寅年迄」となっています。いつごろかの目安を付けるヒントは「慶安」という元号でしょうか。「慶安」といえば「慶安の御触書」が思い浮かびます。ですから江戸時代で一六〇〇年代中頃と推定できます。

干支は「戊子」と「庚寅」です。これは干支番号では「25」と「27」です。わずか足かけ三年のことであることがわかります。ここで公式にあてはめて3引いて60で割ると25あまる一六〇〇年代中頃の年を求めればいいのです。一六〇〇年代で六〇の倍数は一六二〇か一六八〇のどちらかですから3足して25を足すと一六四八年か一七〇八年になります。一七〇八年は一八世紀になってしまいますから、これは不適切です。したがって一六四八年から一六五〇年までというのが正解となります。

覚えてしまおう！　この際、よくお目に掛かる江戸時代の慶長から慶応までの元号三六個を、すらすら言えるようにしておきたいものです。

▼覚えよう江戸時代の元号

＊元号の下の数字は、その元号の最終年数を表す

【一六〇三年〜】	けいちょう	慶長	20
	げんな	元和	10
	かんえい	寛永	21
	しょうほう	正保	5
【一六五〇年〜】	けいあん	慶安	5
	じょうおう	承応	4
	めいれき	明暦	4
	まんじ	万治	4
	かんぶん	寛文	13
	えんぽう	延宝	9
	てんな	天和	4
	じょうきょう	貞享	5
【一七〇〇年〜】	げんろく	元禄	17
	ほうえい	宝永	8
	しょうとく	正徳	6
	きょうほう	享保	21
	げんぶん	元文	6
	かんぽう	寛保	4
	えんきょう	延享	5

【一七五〇年〜】	かんえん	寛延	4
	ほうれき	宝暦	14
	めいわ	明和	9
	あんえい	安永	10
	てんめい	天明	9
【一八〇〇年〜】	かんせい	寛政	13
	きょうわ	享和	4
	ぶんか	文化	15
	ぶんせい	文政	13
	てんぽう	天保	15
	こうか	弘化	5
【一八五〇年〜】	かえい	嘉永	7
	あんせい	安政	7
	まんえん	万延	2
	ぶんきゅう	文久	4
	げんじ	元治	2
	けいおう	慶応	4

気分転換・古文書クイズ

基本的かつ重要な内容が目白押しだった第一章の最後に、ちょっと気分転換の意味で「古文書クイズ」を作成しましたので楽しんでください。

問題は全部で三題、次のような内容になっています。

①首相の名前　変体仮名の解読
②戦国時代の武将名　漢字の解読
③鎌倉・南北朝時代の武将名　漢字の解読

＊以下、文字の出典は「今昔文字鏡」フォント（変体仮名解読）、『草露貫珠』元禄九年本（漢字解読）

① 変体仮名クイズ 首相の名前

次の変体仮名の一覧表には、歴代の首相の名前が七人隠されています。

七人それぞれの最初の二字は、①②・⑤⑥・⑨⑩・⑬⑭・⑰⑱・㉑㉒・㉕㉖から始まるというのがヒントです。例として、①②の「たか」で始まる首相の高橋是清を挙げましたが、まずは①から㉜のひらがなを解読してみましょう。同じ数字を何回使用しても構いません。

[例]

①②㉓⑮⑨③㉒⑪

たかはしこれきよ

高橋是清

では、⑤⑥・⑨⑩・⑬⑭・⑰⑱・㉑㉒・㉕㉖から始まる首相は誰でしょうか。番号を組み合わせて答えてください。

②漢字クイズ 戦国時代の武将名

次は、戦国時代の武将の名前を漢字で見つける問題です。

要領は前の問題と同じで、例として㉒「明」から始まる明智光秀を挙げました。残り六人の武将が隠れており、それぞれ①・⑤・⑨・⑬・⑰・㉑から始まるのがヒントです。まずは、①から㉔の漢字を解読してみましょう。同じ数字を何回使用しても構いません。

[例]

㉒ ⑱ ⑯ ⑥

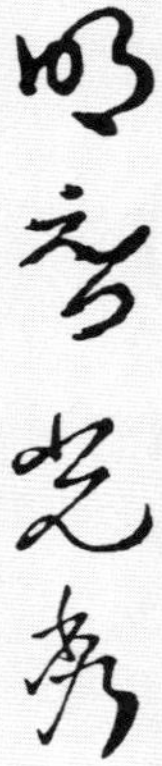

明智光秀

では、①・⑤・⑨・⑬・⑰・㉑から始まる六人の武将は誰でしょう。みな漢字で四文字です。番号を組み合わせて答えてください。

③漢字クイズ　鎌倉・南北朝時代の武将名

最後に、鎌倉・南北朝時代の武将の名前を見つける問題です。

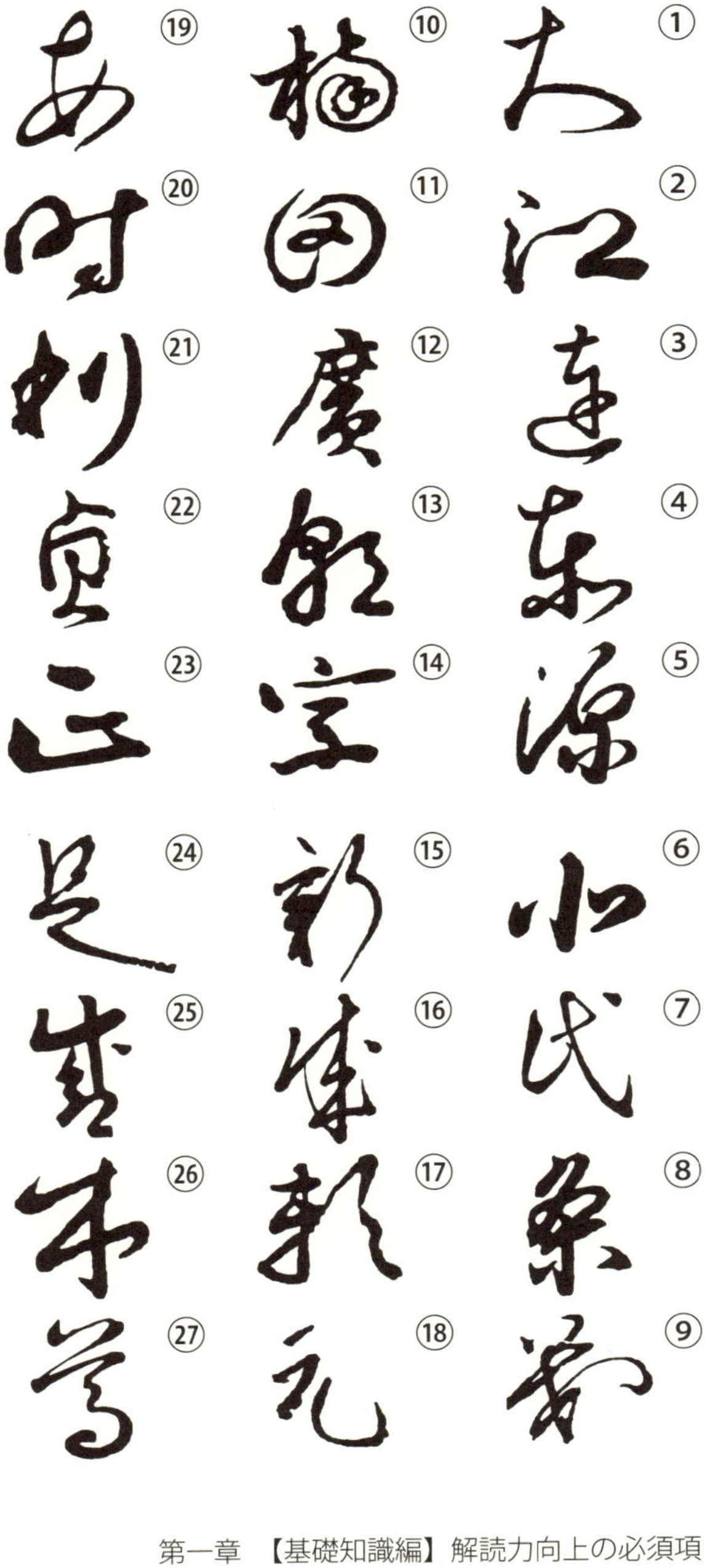

例として⑤「源」から始まる源頼朝を挙げましたが、残りの六人はいずれも四文字の名前です。それぞれ①・⑥・⑩・⑮・⑲・㉔から始まります。まずは、①から㉗の漢字を解読してみましょう。今回は二回以上使用する漢字はありません。

［例］

⑤ ⑰ ⑬

源頼朝

では、①・⑥・⑩・⑮・⑲・㉔から始まる六人の武将は誰でしょう。番号を組み合わせて答えてください。

解答

①変体仮名クイズ

⑤⑥②⑤㉙⑪⑮
いぬかいつよし（犬養毅）

⑨⑩㉛㉗㉑⑲㉘
このえふみまろ（近衛文麿）

⑬⑭⑦㉛⑤⑬㉜
さとうえいさく（佐藤栄作）

⑰⑱②②㉜㉛⑤
たなかかくえい（田中角栄）

㉑㉒①㉚④
みきたけお（三木武夫）

㉕㉖⑯⑳⑫⑧㉔㉘
なかそねやすひろ（中曽根康弘）

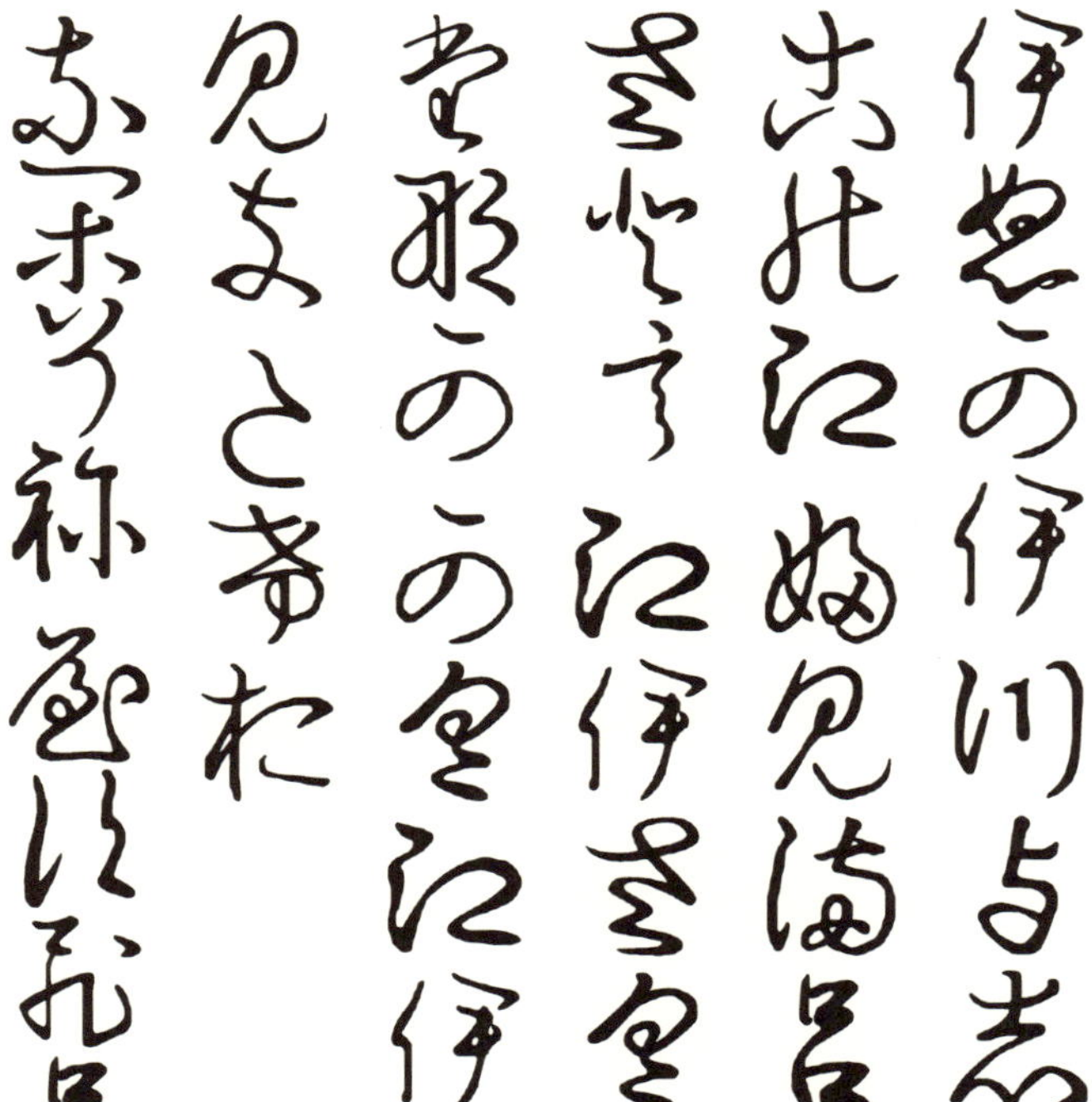

②漢字クイズ

豊①臣⑭秀⑥吉㉓

徳⑤川⑪家⑧康②

石⑨田③三④成⑮

今⑬川⑪義⑦元⑲

織⑰田③信⑳長⑩

上㉑杉㉔謙⑫信⑳

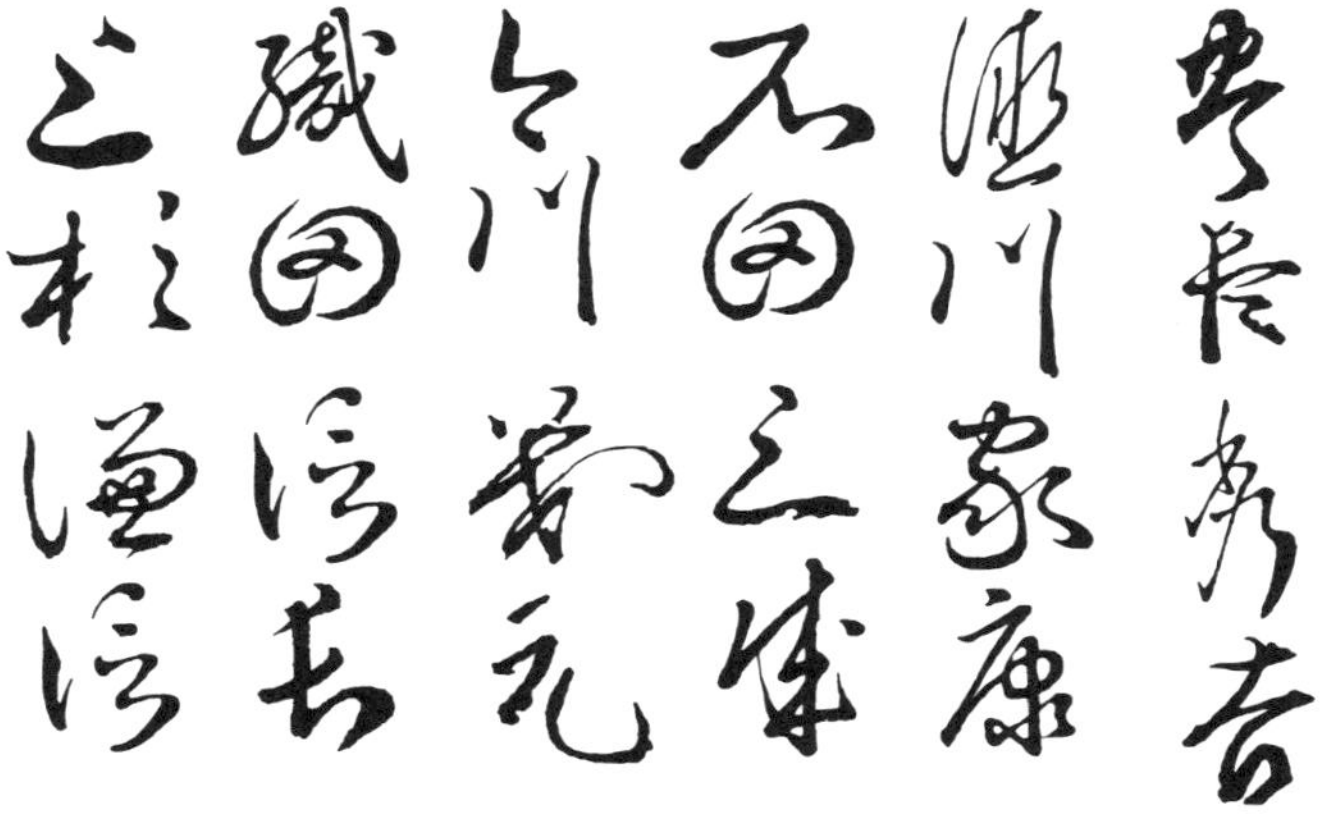

③漢字クイズ

大①江②広⑫元⑱

北⑥条⑧時⑳宗⑭

楠⑩木㉖正㉓成⑯

新⑮田⑪義⑨貞㉒

安⑲達③泰④盛㉕

足㉔利㉑尊㉗氏⑦

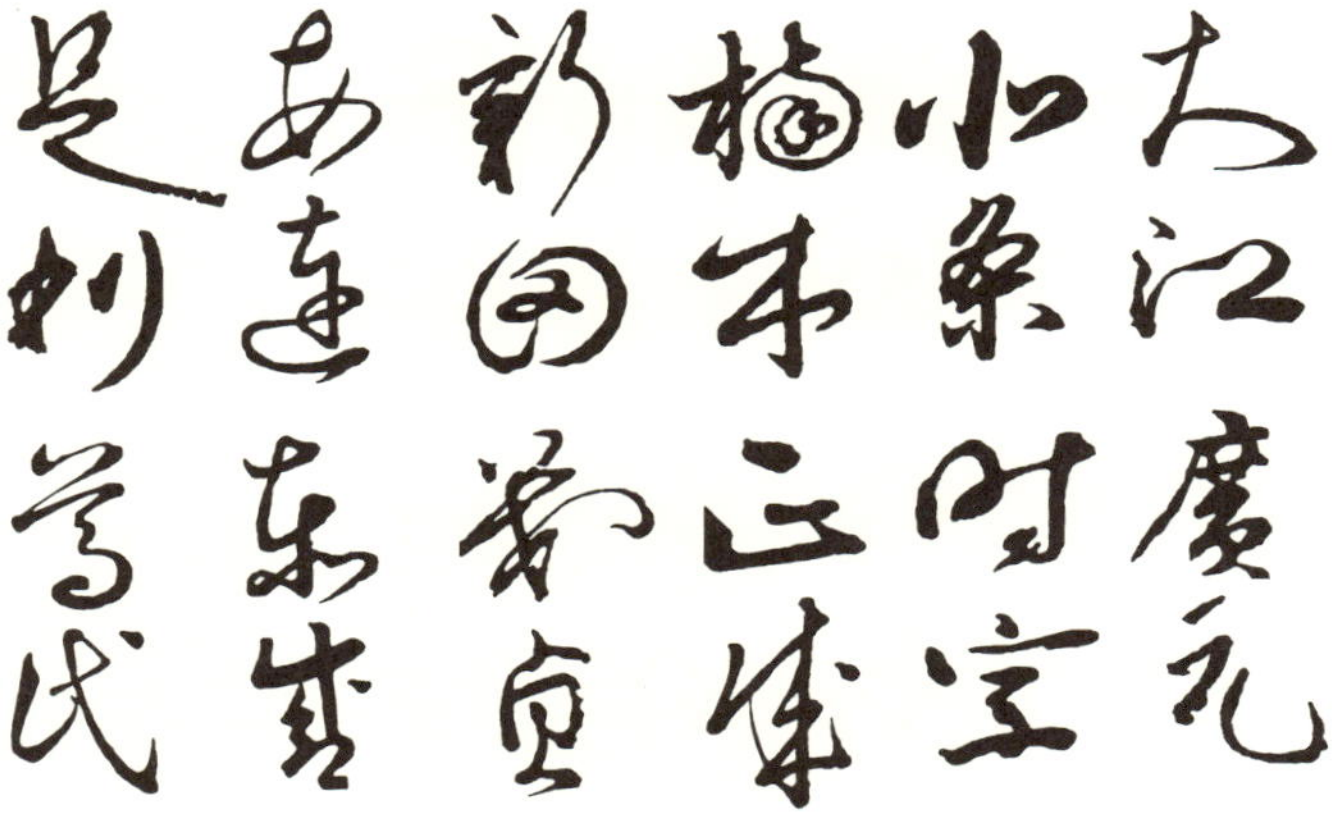

第二章❖【解読検定編】あなたの解読力はどのくらい？

解読文の書き方

解読には原文の文字の通りに解読する「原文筆写」（異体字・旧字等を原文の文字の通りに筆写する）と漢字・変体仮名を現在使用される新字体に直して解読する「解読筆写」があります。ここでは標準的な「解読筆写」のルールを紹介します。なお、句（。）読（、）点や濁点を付ける解読方法もありますが、ここでは付けません。

▼解読文の作成要項

●漢字の異体字・旧字体は新字体に直す　（例）亊→事　處→処　龍→竜
●漢文体の文章は、書かれている通りに解読し、読み下し文にはしない
●之→之のまま　「の」としない
●ハ→ハのまま　「は」としない　「ミ」・「セ」は「み」「せ」とする
「候ハ、」は濁点があれば「候ハヾ」とする
●文中カタカナで書かれているものはカタカナのまま表記する
（例）掛リ→「掛り」にせず「掛リ」「一ツ」→「一ツ」

●合字（ごうじ）のゟ（より）→ゟのまま
●「而者茂与江」（てはもとえ）と「ニ」（に）は小字で右下に付ける
（例）沽券状ニ者月行事立会　先達而茂申合之通
●「幷」は「並」にしない　幷と並は別字
●くり返し記号は、ひらがなは「ゝ」、カタカナは「ヽ」、漢字は「々」
二文字以上のくり返しは「〱」とする
●文字と文字の間隔がある場合は、その通りに書いていく。たとえば相手に対する尊敬の意を表す闕字《けつじ》は一字あける　（例）被　仰付
●どうしても読めない字は　字数によって　□　□□　とする
●かすれ文字や摩耗で判読不能な場合は□□（不鮮明）とする

初級試験四題――未経験者は半分も読めない

では初級試験四題に挑戦です。初めの三題は大学の「日本史入門」の授業で実施した古文書の解読試験です。三クラス別々の問題を出題し、その成績の結果をまとめてあります。本書の「基礎知識編」をしっかり学習してきた皆さんは、古文書をほとんど読んだことのない学生諸君と比べて、かなりいい結果を出せると思います。なお学生諸君には、あらかじめ第一章の「変体仮名七〇字を征服する」を解説し、しっかり予習してこの試験に臨むように指示し、なおかつ試験の時には「変体仮名七〇字を征服する」を持ち込み可で受けてもらいました。制限時間は三題とも一〇分間ずつとしました。

結果は次の通りでした。

第一問（33点満点）　受検者75人　最高点29点　平均点19・79　正解率55％
第二問（36点満点）　受検者93人　最高点23点　平均点17・37　正解率53％
第三問（39点満点）　受検者80人　最高点29点　平均点15・61　正解率40％

この結果を見ておわかりのように、大学生といえども古文書解読の未経験者は、半分も読めないのが普通です。ほとんど見た目で解読していますから、現代ひらがなはかなり読めていますが、変体仮名になるとまったく歯が立ちません。どうやら変体仮名表を見ても、あまり役には立たなかったようです。各問題とも最後に、一字一字の正解率を載せてありますが、さすがに現代ひらがなは正解率100%です。しかし変体仮名になるといちじるしく正解率はダウンし、中には誰一人読めなかった文字さえあります。主に低正解率の文字を集めて解説してありますので参考にしてください。

第四問は、一般市民向けの歴史講座の中で実施したもので、よく読める方もいたため、全体的に平均点は高くなっています。四ヶ所一八字を採点対象として出題し、満点が七人いましたので、四ヶ所とも読めれば初級以上、中級レベルにあると思います。

第一問から第四問まで、出題は序章で取り上げた「あつまくさ」という教訓的な初学用の教材です（創価大学図書館蔵）。試験時間は、それぞれ一〇分間で解読してみてください。

最後に、正解率が低かった文節を一八選んで、復習問題にしてありますから、再確認の意味で解読してみてください。

【第一問】次の文章を解読しなさい。

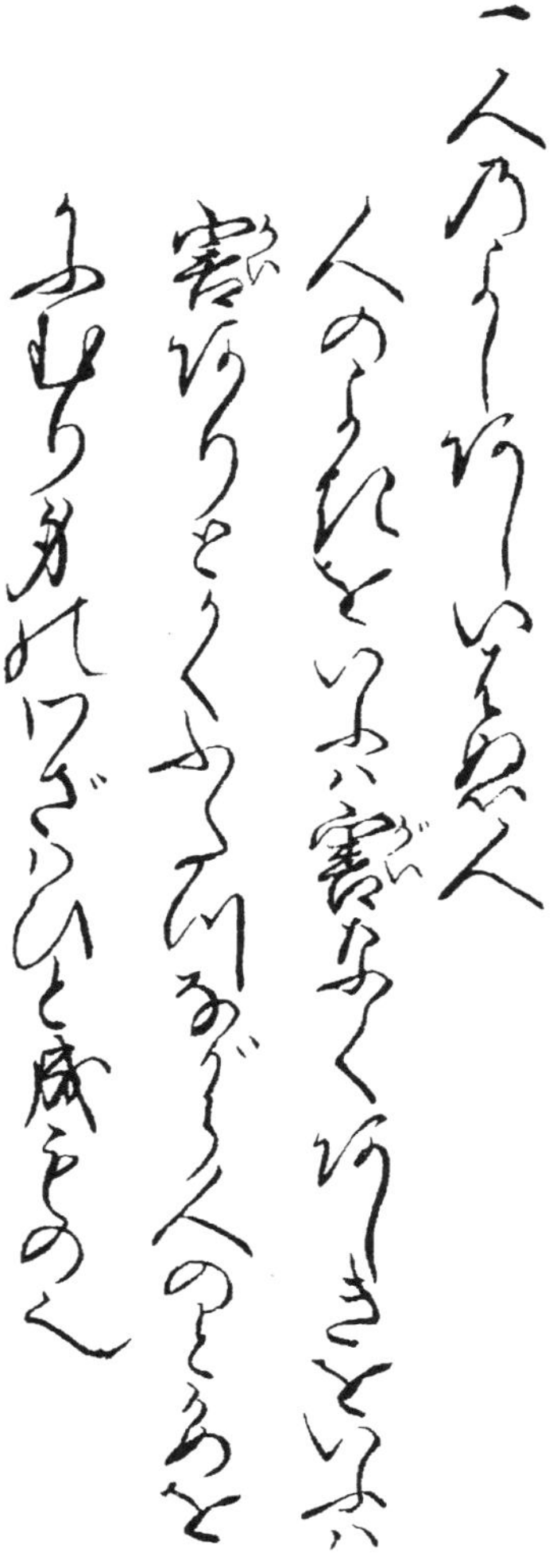

一　人のよしあしいはぬ人

18字

18字

かふむり身のわざハひと成もの也

36点満点（採点対象は二行目と三行目）

【第一問】試験結果と講評

▼解読文

一　人のよしあしいはぬ人
人のよきをいふハ害なくあしきをいふハ
害ありとかくふたつながら人のとかめを
かふむり身のわざハひと成もの也

▼得点分布表（点数と人数）

人	点
1	29
2	28
3	27
4	26
2	25
5	24
8	23
4	22
8	21
9	20
4	19
6	18
3	17
1	16
0	15
4	14
3	13
1	12
2	11
1	10
2	9
2	8

＊36点満点　75人受検　平均19・79点

文字	正解率
人	100
の	100
よ	88
き	4
を	28
い	100
ふ	100
ハ	92
害	100
な	100
く	100
あ	80
し	68
き	100
を	16
い	96
ふ	96
ハ	88

文字	正解率
害	100
あ	88
り	96
と	84
か	24
く	96
ふ	84
た	8
つ	40
な	16
が	28
ら	8
人	96
の	92
と	84
か	8
め	68
を	20

＊数字は上位25人（23点以上）の正解率

▼優秀者の解読例

人のよ□をいふハ害なくあしきをいふハ／害ありとかくふ□□□□人のとうめを

人のよしといふハ害なくあしきといふハ／害ありとかくふく□るが□人のとかめと

＊29点と28点

人のよきをいふハ害なくあしきをいふハ／害ありとかくふたつながら人のとかめを

▼講評

漢字は「害」と「人」のみで、正解率はほぼ１００％でした。ひらがなでは、次の文字が正解率二〇％以下でした。

（き、字源・起　4％）（た、字源・多　8％）（か、字源・可　8％）

（ら、字源・良　8％）（を、字源・遠　16％・20％）

正解率の低い（き）（た）（か）は、初めて古文書の解読に挑戦する人は、まず読めませんね。しかし、変体仮名をしっかり勉強してきた人にとっては容易に解読できるはずです。あなたはどうでしたか。

（ら）は、この一字だけ取り出されたら難しいですが、文章の中で読んでいけば「ら」と判断できます。とセットでとらえれば「ながら」と読めるわけです。ところでのは一見「る」に見えます。実際この字の正解率は16％で、「る」と読んでいる方が多かったのです。「な」と「る」の区別も文章の中で、意味を考えて判断するのがいいでしょう。

【第二問】 次の文章を解読しなさい。

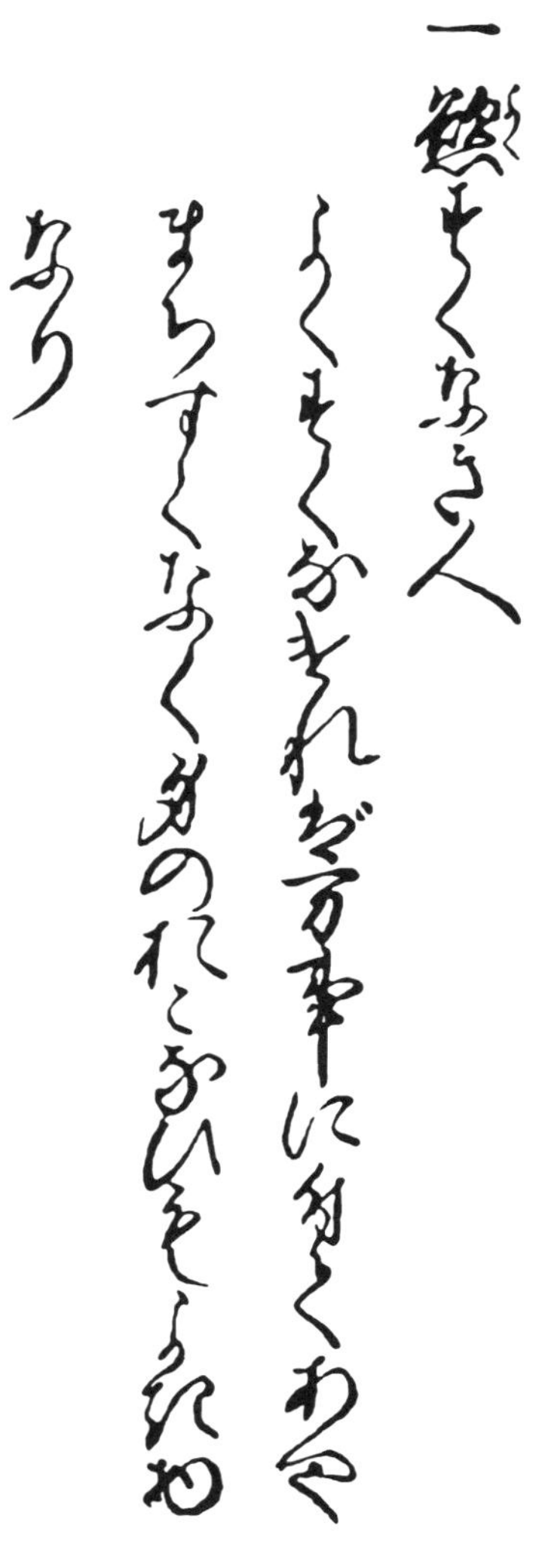

一　慾《よく》すくなき人

15字

16字

2字

33点満点（採点対象は二行目から四行目）

【第二問】試験結果と講評

▼解読文

一　慾《よく》すくなき人

よくすくなければ万事に付てあや

まちすくなく身のおこなひもよき物

なり

▼得点分布表（点数と人数）

点	人
23	2
22	2
21	11
20	10
19	10
18	15
17	10
16	8
15	10
14	7
13	2
12	1
11	3
10	1
9	0
8	0
7	1

＊33点満点　93人受検　平均17・37点

＊数字は上位25人（20点以上）の正解率

文字	正解率
よ	100
く	100
す	80
く	96
な	84
け	28
れ	88
ば	28
万	100
事	60
に	100
付	28
て	4
あ	0
や	36

文字	正解率
ま	28
ち	8
す	100
く	100
な	100
く	100
身	48
の	100
お	72
こ	96
な	60
ひ	80
も	4
よ	40
き	8
物	0
な	100
り	100

▼優秀者の解読例

よくすくなければ万年にむくわれ／まちすくなく□のおこきひしおき□／なり

よくすくなければ万事に□くわに／□らすくなく□のおこなひをよ□□／なり

よくすくなければ万事に付てあや／まちすくなく身のおこなひもよき物／なり

＊23点

▼講評

漢字では「万事」はよく読めていますが、「身」（48％）、「付」（28％）は、

頻出する漢字のくずし字として覚えておきたいものです。

驚いたのは（物）です。なんと正解者はゼロでした。これを「や」とか「お」と読んでいるのは、まだいいほうです。ほとんどが無記入でした。そもそも漢字であるということに気がつく人はいませんでした。

漢字なのか、ひらがななのか、その区別ができるようにするためにも、まずはたくさんの「変体仮名」のくずしをマスターすることが大事です。

ひらがなでは、以下のような低正解率のくずし字は何度も書いて、早くマスターしておきましょう。

（け、字源・遣　28％）

（ば、字源・盤　28％）

（て、字源・天　4％）

（ち、字源・知　8％）

（も、字源・毛　4％）

（き、字源・起　8％）

（ま、字源・末　28％）

実は、現代ひらがななのに正解者なしという文字がありました。です。これは「あ」なのですが、解読できていないのです。どう解読しているのか調べてみました。すると「わ」という誤読が圧倒的でした。この文字の前後を合わせたを「くわや」と読んでいるのが目立ちます。正しくは「てあや」なのですが、これでは意味は通じません。「付て、あや」さらに次の行の「まち」をつなげて「あやまち」となるのですが、二行にまたがって考えてみるという余裕もなかったようです。古文書の解読を難しくしているのは、句点（。）と読点（、）がないことと、ひながなに濁点がついていない（この問題は付いていますが）ことが挙げられますが、このために単語や文節の切れ目、文の終わりがわからなくなることが多いのです。これをスムーズに判断するには、古語や古典文法の知識も必要になってきます。ゆくゆくは、この方面の学習にも力を入れてほしいと思います。

【第三問】 **次の文章を解読しなさい。**

＊読み仮名は解読しない

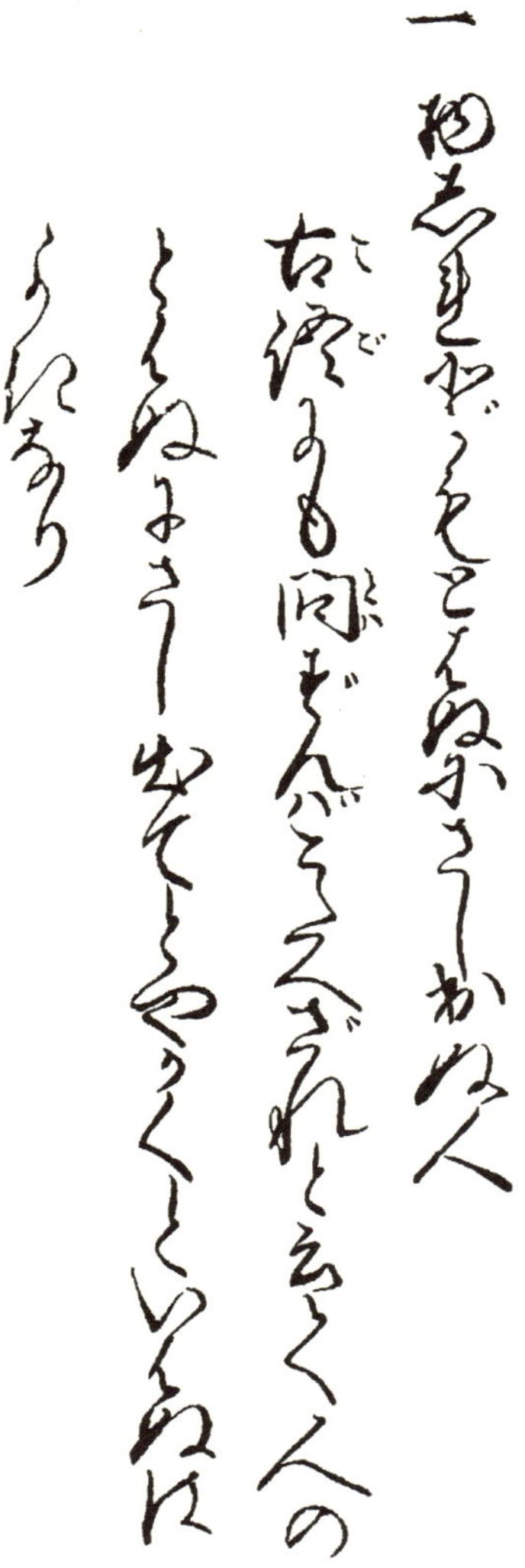

一　物しれどもとはぬにさし出ぬ人

18字

17字

4字

39点満点（採点対象は二行目から四行目）

【第三問】試験結果と講評

▼解読文

一　物しれどもとはぬにさし出ぬ人

古語にも問ずんバこたへざれと云て人のとはぬにさし出てとやかくといはぬはよきなり

▼得点分布表（点数と人数）

点	人
29	1
28	0
27	1
26	3
25	2
24	4
23	7
22	1
21	10
20	6
19	2
18	6
17	1
16	1
15	3
14	0
13	1
12	2
11	4
10	4
9	2
8	2
7	0
6	6
5	4
4	2
3	3
2	2

＊39点満点　80人受検　平均15・61点

文字	古	語	に	も	問	ず	ん	ば	こ	た	へ	ざ	れ	と	云	て	人	の
正解率	97	62	41	100	100	10	69	41	7	0	41	86	93	89	10	0	100	100

文字	と	は	ぬ	に	さ	し	出	て	と	や	か	く	と	い	は	ぬ	は
正解率	83	21	59	52	79	76	86	97	97	48	24	93	89	97	14	86	93

文字	よ	き	な	り
正解率	14	7	31	59

＊数字は上位29人（21点以上）の正解率

▼優秀者の解読例

＊29点と27点

古語にも問もんそ□□へざれと云く人の／とはぬにさし出てとやりくしいくぬは／らになり

古語にも問ずんばそ□へざれてえく人の／とくぬねさし出てとやりくといえぬは／にえなり

古語にも問ずんバこたへざれと云て人の／とはぬにさし出てとやかくといはぬは／よきなり

▼講評

三題のうち、最も正解率の低い問題でした。

漢字では「古語」「問」「人」「出」はたいへんよくできていますが、（云）はわずかに10％の正解率でした。これは、ふつう「言う」であって、「云う」という表記は日常的にあまり目にしないからでしょうか。

ひらがなでは、正解者なしが二つありました。（て、字源・天）と（た、字源・多）です。は、ほとんどの人が見た目で「く」としていました。は「た」と覚えるしかないのですが、（こたへざれ）を見た目から判断して「そくざれ」と読んでいる人が目立ちます。頭の部分の（こ、字源・己）でさえ正解率が7％ですから、「そく」と読んでもやむを得ないのかもしれません。実は「問ずんバそくざれ」では意味が通じないというところから、考え抜くしぶとさが必要なのです。

以下、正解率の低い変体仮名を挙げておきます。（ず、字源・春　10％）（は、字源・者）は二ヶ所でそれぞれ14％と21％、（か、字源・可　24％）（な、字源・奈　31％）、かなり低かったのは（き、字源・起　7％）でした。（に、字源・爾の略字尓）は二ヶ所でそれぞれ41％と52％で、まあまあ読めています。むしろこれは（よ、

字源・与　14％）との違いをよく見極める必要があります。第二回に出できたも「よ」ですが、（「に」）と比べて下の部分は同じでも、起筆の形が明らかに違います。

以上、あなたの解読力レベルはどうでしたか。平均をはるかに上回る成績を収めたあなたは、十分な基礎力をお持ちです。

【第四問】 次の文章を解読しなさい。

＊読み仮名は解読しない

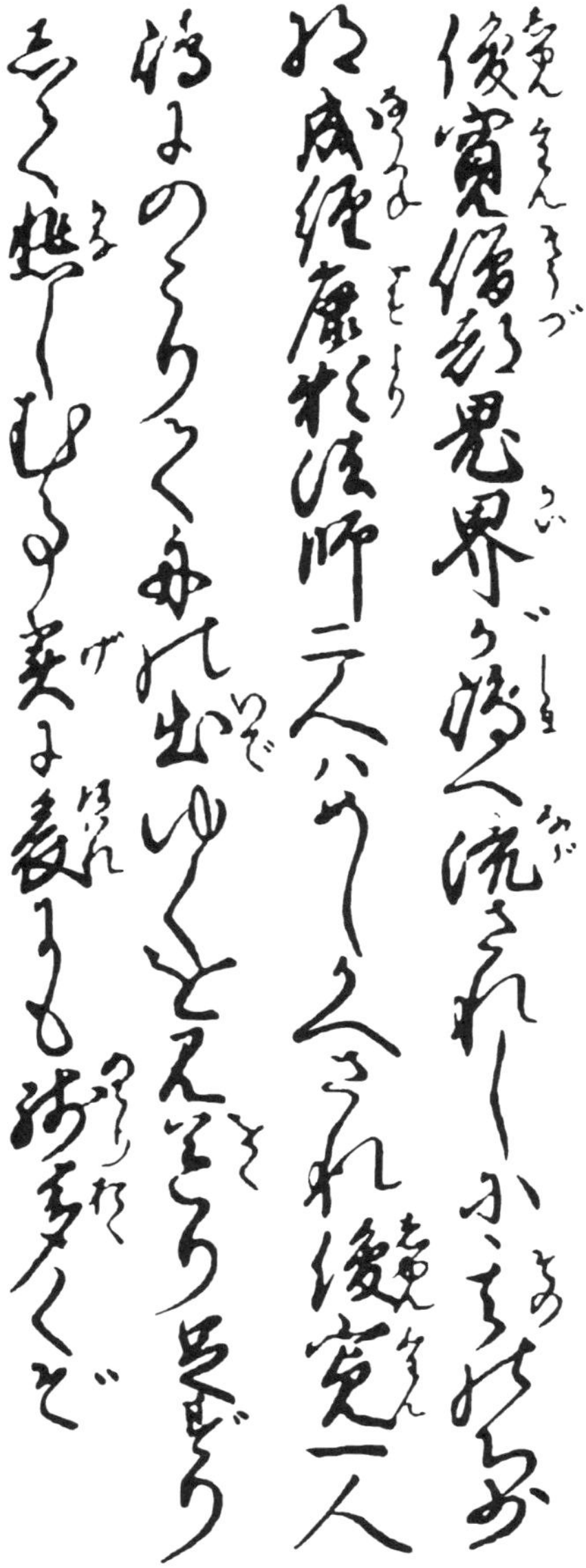

これは、『平家物語』の「足ずり」の章で登場する俊寛《しゅんかん》という後白河法皇《ごしらかわほうおう》の近臣についての一節です。一一七九年（治承三）に起きた平清盛《たいらのきよもり》によるクーデターで、俊寛は鬼界ケ島に流罪となり、ほかの二人が許される中で、俊寛一人だけ赦免にならなかった時の歎きの様子が書かれています。まずは、全文を解読してください。

【第四問】試験結果と講評

▼解読文

＊ここでの採点対象箇所は 反転 部分四ヶ所で四点満点としました。

俊寛僧都鬼界が島へ流されしに其のち少将成経康頼法師二人ハめしかへされ俊寛一人島にのこりて舟の出ゆくを見送り足ずりして悲しむ事実に哀にも残多くぞ

▼得点分布表（点数と人数）

点	人
4	7
3	7
2	6
1	7
0	8

＊4点満点　35人受検　平均1・94点

部分	正解率
其~	43
め~	69
島~	40
実~	23

▼文字別正解者数と正解率

文字数としては一八字で、それぞれの正解率は次のようになりました。

文字	人数	正解率
其	19	54
の	22	63
ち	25	71
め	29	83
し	29	83
か	25	71
へ	26	74
さ	34	97
れ	34	97
島	22	63
に	22	63
の	31	89
こ	29	83
り	25	71
て	18	51
実	8	23
に	20	57
哀	9	26

▼講評

このテストの結果は、私の歴史講座を受講された方たちだったので、中には古文書経験者がいて平均点も高くなっています。そのため四点満点が七人いました。ですから、満点がとれれば中級レベルの実力があると思います。

最も正解率の低いのは四番目の「実に哀」でした。読み仮名は「げ」と「阿ハ礼（あはれ）」と書かれています。「阿」は「は」のように見えますが、これは変体仮名の「阿」（あ）です。つまり「げ」と読む「実」、「あはれ」と読む「哀」ということになります。一文字ずつを見ても正解率が低いのは漢字で、「其」は半分の人しか読めていません。これも読み仮名が「その」と読めますから、それをヒントに考えればいいわけです。ひらがなは、よく解読できていました。やや難しかったのは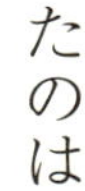（て）と（に）くらいでしょうか。逆に（めしかへされ）は、「か」以外は私たちが書いているひらがなと同じですから、ひとまとめで判断して正解を導き、正解率が高くなっています。一文字が読めなくても、ひとまとめで予測してみると解決することがよくありますので、想像力を働かせてください。

最後に復習の意味で、次の一八題を解読してみてください。

いずれも第一問から第四問の中で、比較的読みにくいものを集めてあります。復習問題ですから高得点を期待しています。

確認テスト　初級試験

▼第一問から

①

②

③

④

▼第二問から

⑤

⑥

⑦

⑧

⑨

▼第三問から

⑩

⑪

⑫

⑬

⑭

⑮

▼第四問から

⑯

⑰

⑱

解答 初級試験

①よきをいふ ②とかく ③ふたつながら ④とかめを

⑤すくなければ ⑥付て ⑦あやまち ⑧おこなひも ⑨よき物

⑩問ずんバ ⑪こたへ ⑫云て ⑬とはぬに ⑭とやかく

⑮よきなり ⑯其のち ⑰島にのこりて ⑱実に哀にも

解読検定一〇題

さあ、いよいよここからあなたの解読力のレベルをつかむ「実力判定　古文書解読力」の始まりです。まずは白紙の紙を用意して全文を解読してみてください。その上で、採点対象となる部分の自己採点をして点数を出します。すべての問題に得点別人数表を掲載してありますが、これは「古文書講座」の受講生の皆さんの成績です。あなたの解読力がどのへんにあるのかがわかるように、各問題とも初級・中級・上級レベルの目安を点数で示してありますから、確認してください。

【第一問】変体仮名

ここでは変体仮名の解読力を試してみましょう。二枚の画像の中で、漢字は一字しかありません。

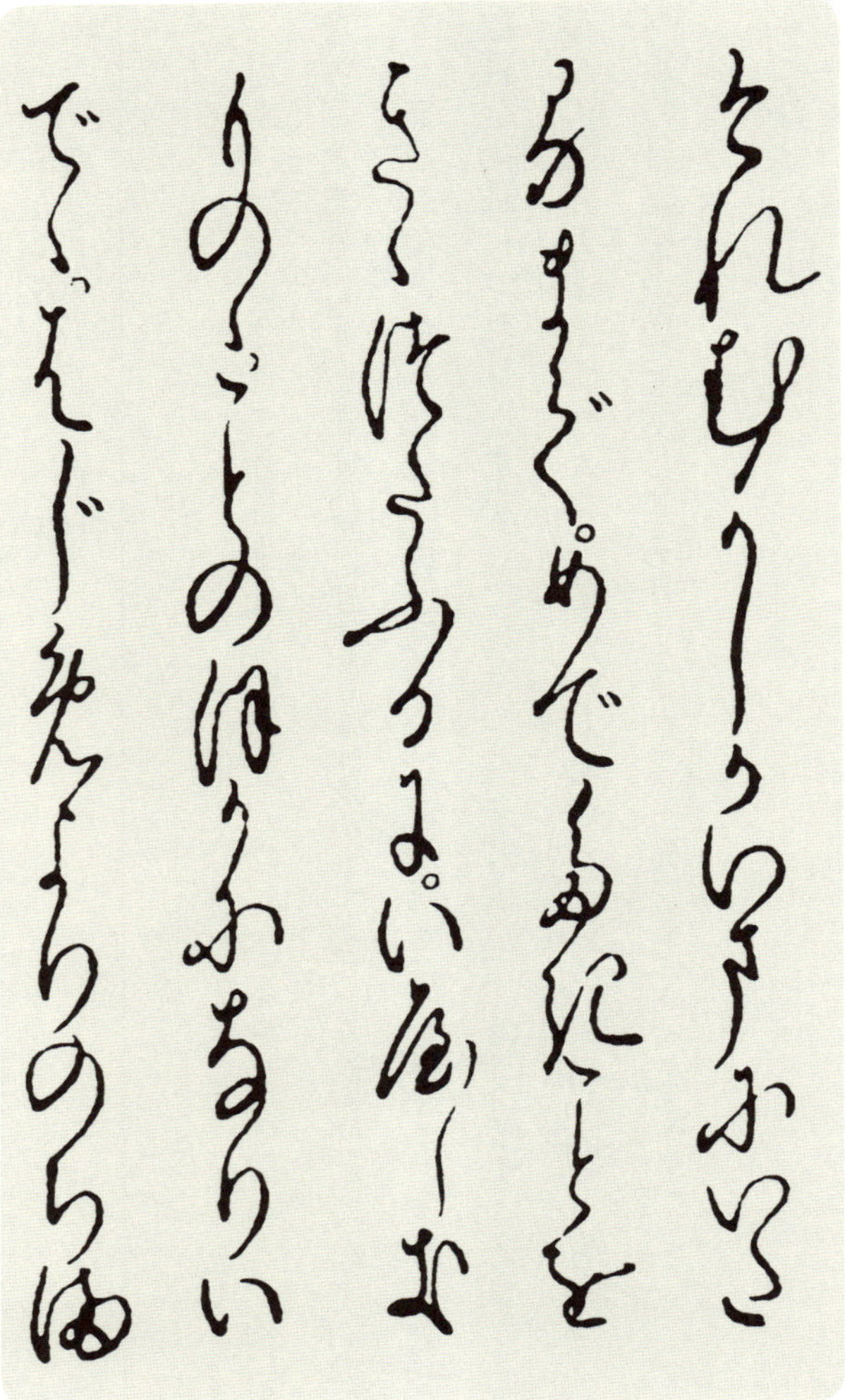

でをりのうたてうくめで
あ（に）そひそらのふし。
志りやされぬめん や と
やりのみくぞもんぢら
まうぞのゆへとらゲわれ

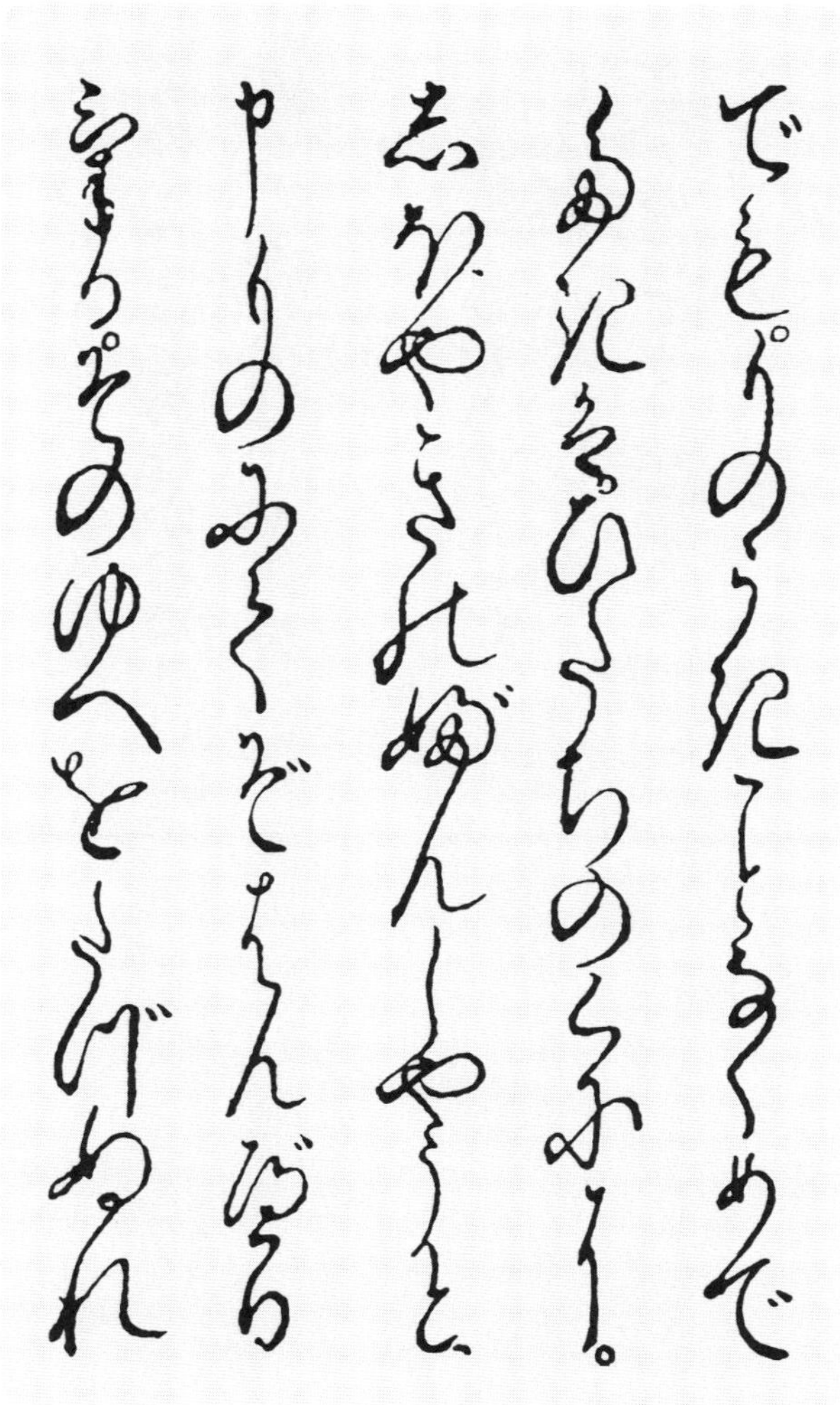

全文を解読したら、左の七ヶ所、計二五字を、解答を見て採点してください。

それむかしかいまにいた
るまで、めで 4字 を
きゝつたふるに、 4字
ものゝ、ことのほかになりい
でゝ、はじめよりのちま
でも、 6字 なくめで
3字 、ひたちのくにに、
しほやきのぶんしやうと
2字 のにてぞ 4字
2字 、そのゆへをたづぬれ

【第一問】解答

＊25点満点　上級〜23点　中級22〜18点　初級17〜14点　平均14点

▼解読文

※文中の。は読点（、）として表記

それむかしかいまにいた／るまで、めでたきことを／き丶つたふるに、いやしき／もの丶、ことのほかになりい／で丶、はじめよりのちま／でも、ものうきことなくめで／たきは、ひたちのくにに、／しほやきのぶんしやうと／申ものにてぞはんべり／ける、そのゆへをたづぬれ

▼得点分布表（点数と人数）

点	人
25	0
24	1
23	1
22	0
21	1
20	2
19	1
18	4
17	3
16	2
15	3
14	0
13	2
12	1
11	0
10	3
9~	8
計	32

【第二問】偏や旁

ここでは、偏や旁に着目しながら漢字の解読をしてください。

＊解読は漢字のみで、読み仮名は省きます。

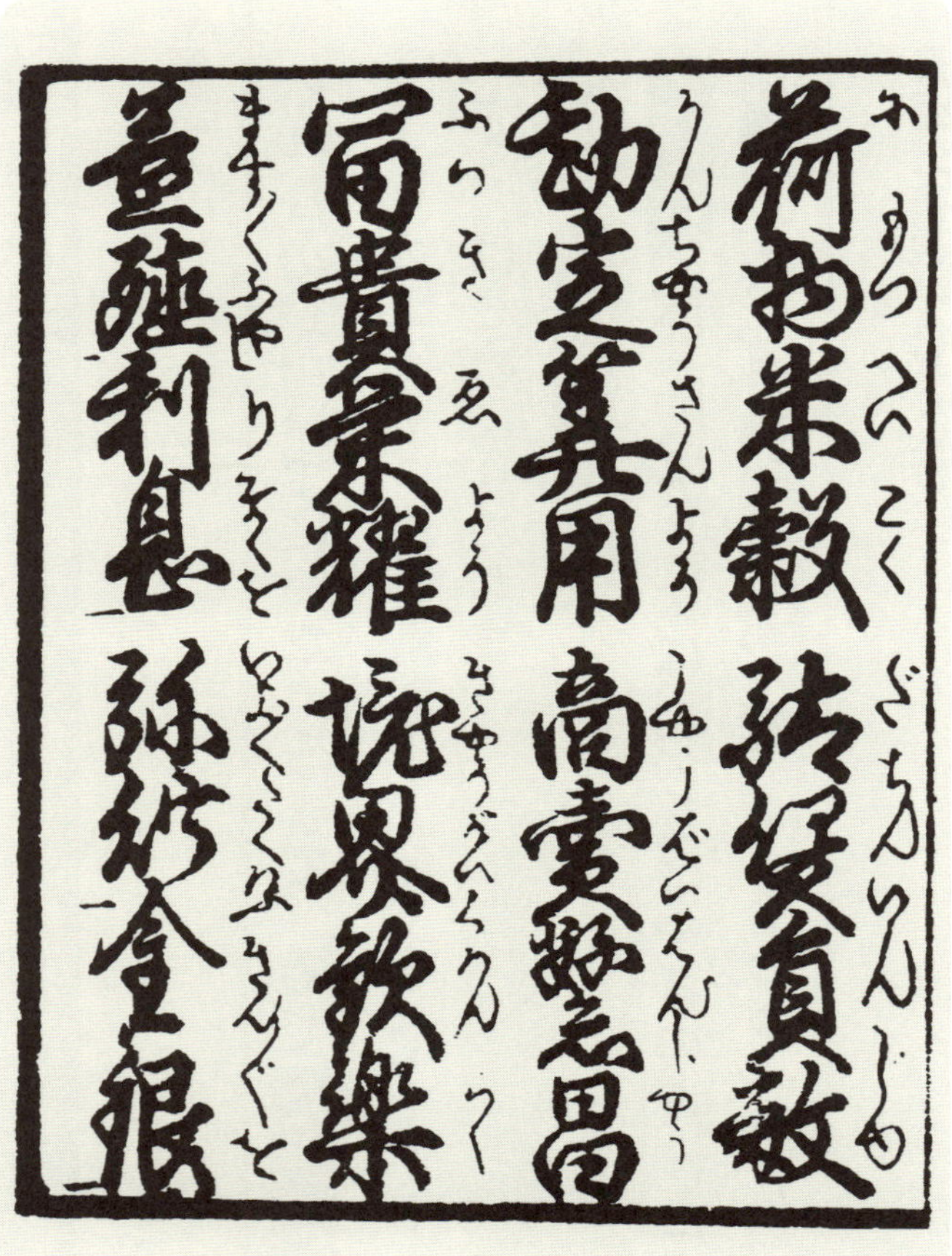

普請成就《ふしんじやうじゆ》　結構満足《けつこうまんぞく》

新宅《しんたく》徙移《わたまし》　先以《まづもつて》安堵《あんど》

父母《ふぼ》隠居《いんきよ》　譲与《ゆづりあたへ》二財宝《ざいほう》

家督《かとく》相続《さうぞく》　活計《くわつけい》有福《ゆうふく》

それぞれ初めの文字だけ入れてあります。採点対象は一六ヶ所、計四八字で四八点満点です。旧字などは新字体に直して解読してください。

荷	勘	富	益	普	新	父	家
駄	商	境	弥	結	先	譲	活

▼ヒント　読み仮名

にもつへいこくだちんいんじゆ
かんちやうさんようしやうばいはんじやう
ふうきゐようきやうがいくわんらく
ます〳〵ふやしりそくを
いよ〳〵たくハふきん〴〵を
ふしんじやうじゆけつかうまんぞく
しんたくわたましまづもつてあんど
ふぼいんきよゆづりあたへざいほう
かとくさうぞくくわつけいゆうふく

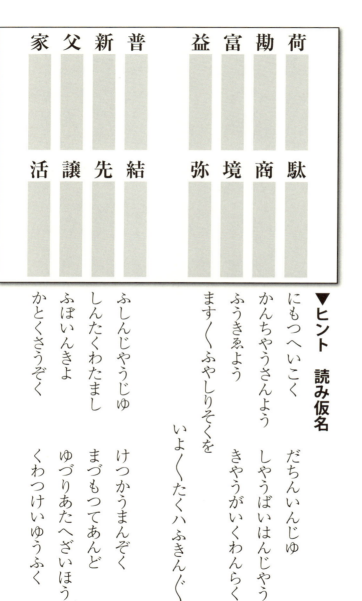

【第二問】解答

＊48点満点　上級〜46点　中級45〜43点　初級42〜40点　平均41点

▼解読文

荷物米穀　駄賃員数／勘定算用　商売繁昌
富貴栄耀　境界歓楽／益殖利息　弥貯金銀
普請成就　結構満足／新宅徙移　先以安堵
父母隠居　譲与財宝／家督相続　活計有福

＊徙移：本来は移徙（わたまし）＝引っ越しの意

▼得点分布表（点数と人数）

点	人
48	0
47	1
46	2
45	5
44	3
43	2
42	2
41	2
40	8
39	2
38	1
37	0
36	3
35	0
34	0
33	1
32	0
31	0
30	1
29~	0
計	33

【第三問】地方文書（じかたもんじょ）

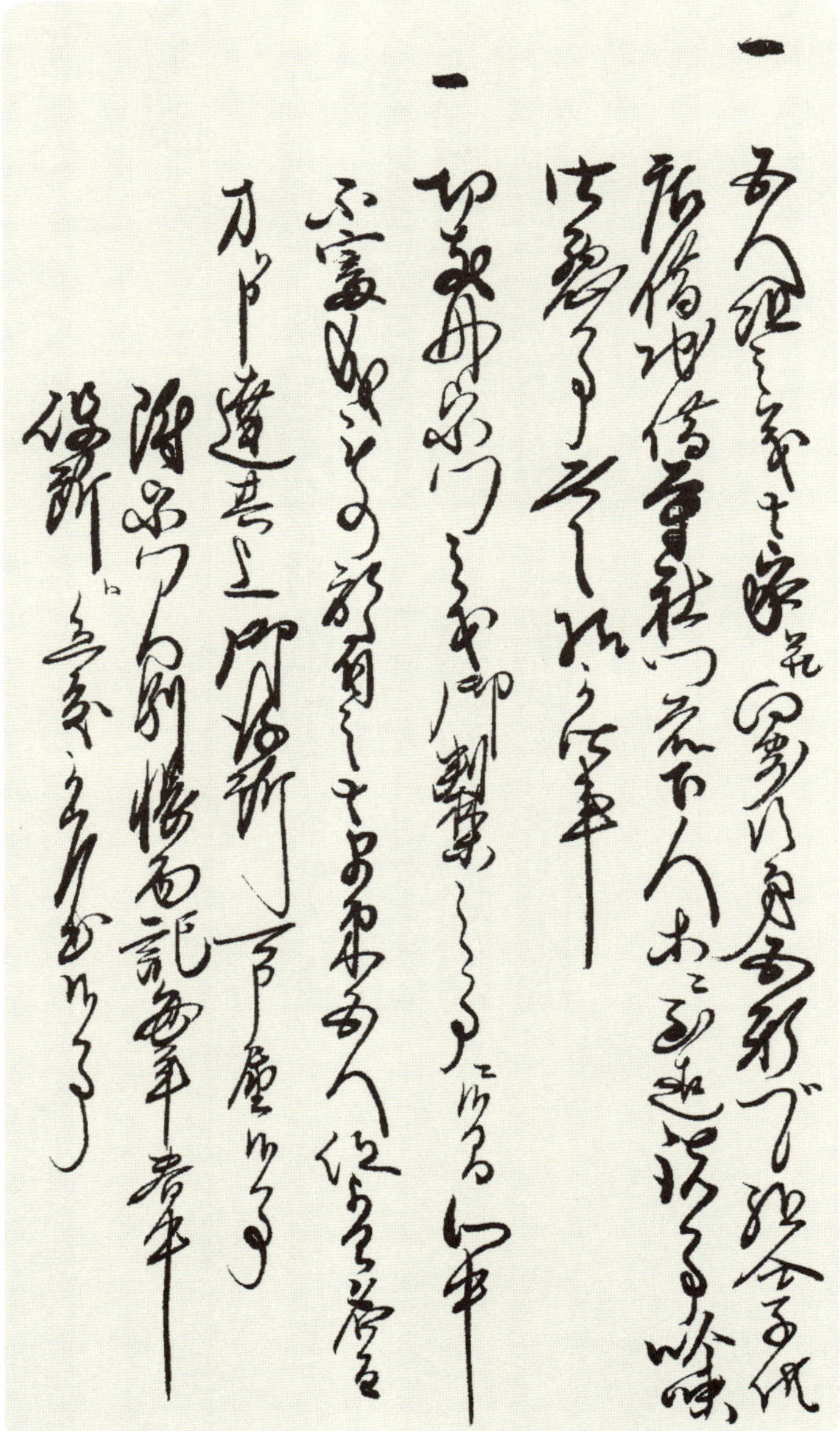

空欄が採点対象になります。計五〇字、一字一点で五〇点満点です。

一　五人組之義者家并向寄次第五軒づゝ組合子供
店借　6字　下人等ニ　6字
仕　5字　可仕事
一　切支丹　7字　之事ニ候間2字
不審成もの　11字　名主
方江申達其上御役所可申届候事
附　宗門人別　7字
役所江　6字　事

【第三問】解答

＊50点満点　上級〜48点　中級47〜44点　初級43〜34点　平均34点

▼解読文

一　五人組之義者家并向寄次第五軒づゝ組合子供

店借地借寺社門前下人等ニ至迄諸事吟味

仕悪事無之様可仕事

一　切支丹宗門之義御判（制）禁之事ニ候間郷中

不審成もの於有之者早束（速）五人組より名主

方江申達其上御役所可申届候事

附　宗門人別帳面記毎年春中

役所江急度可差出候事

▼参考：読み下し

一　五人組の義は、家并に向寄次第五軒づゝ組合子供店借地借寺社門前下人等に至まで諸事吟味仕り悪事これ無き様仕るべき事

一　切支丹宗門の義、御制禁の事に候間、郷中不審成るものこれ有るに於ては、早速五人組より名主方へ申し達し、其上御役所申し届くべく候事

附　宗門人別帳面、毎年春中に記し役所へ急度差し出すべく候事

▼得点分布表（点数と人数）

点	人
50	0
49	0
48	4
47	2
46	2
45	2
44	1
43	2
42	1
41	1
40	0
39	0
38	1
37	2
36	1
35	0
34	1
33	0
32	0
31	0
30	1
29	2
28	1
27	0
26	1
25	1
24~	5
計	31

【第四問】変体仮名

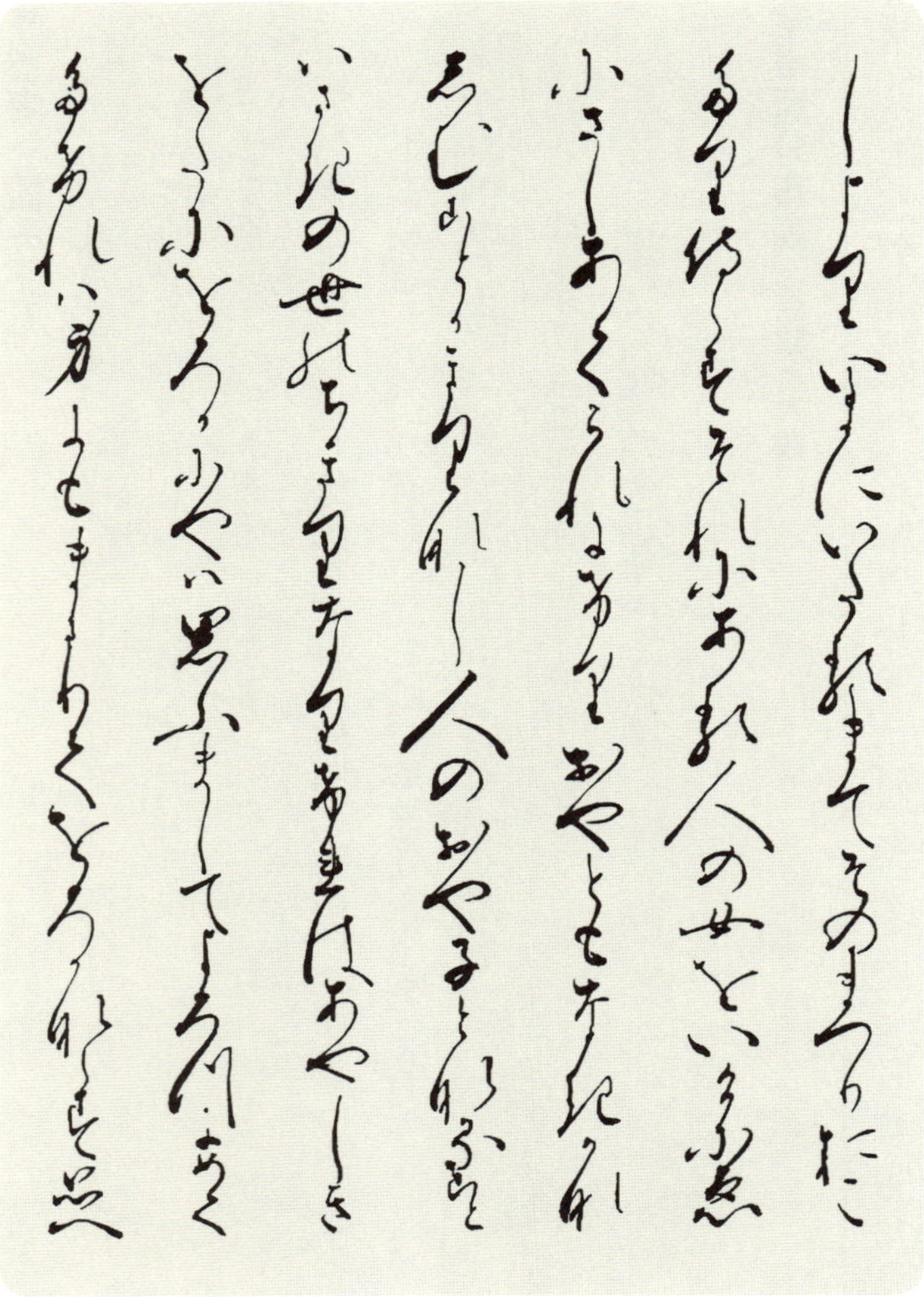

空欄が採点対象になります。計四〇字、一字一点で四〇点満点です。

しよりいまにいたるまてそのまつりおこ
たり侍らすそれにある人の女を［4字］
にさしあてられ［3字］おやともなきかな
しむ［7字］人のおや子となること
ハさきの世の［8字］あやしき
をたにをろかにやハ思ふまして［6字］
たけれハ［12字］す思へ

【第四問】解答

＊40点満点　上級〜37点　中級36〜32点　初級31〜26点　平均26点

▼解読文

しよりいまにいたるまてそのまつりおこ
たり侍らすそれにある人の女を**いけにゑ**
にさしあてられ**にけり**おやともなきかな
しむ**ことかきりなし**人のおや子となること
ハさきの世の**ちきりなりけれは**あやしき
をたにをろかにやハ思ふまして**よろつにめて**
たけれハ**身にもまさりてをろかなら**す思へ

▼得点分布表（点数と人数）

点	人
40	3
39	0
38	0
37	1
36	2
35	0
34	1
33	2
32	4
31	2
30	0
29	1
28	0
27	1
26	2
25	0
24	0
23	0
22	1
21	0
20	1
19	1
18	2
17	1
16	2
15	0
14~	5
計	32

【第五問】天皇宸翰（しんかん）

出典：東京富士美術館蔵「後西天皇宸翰」

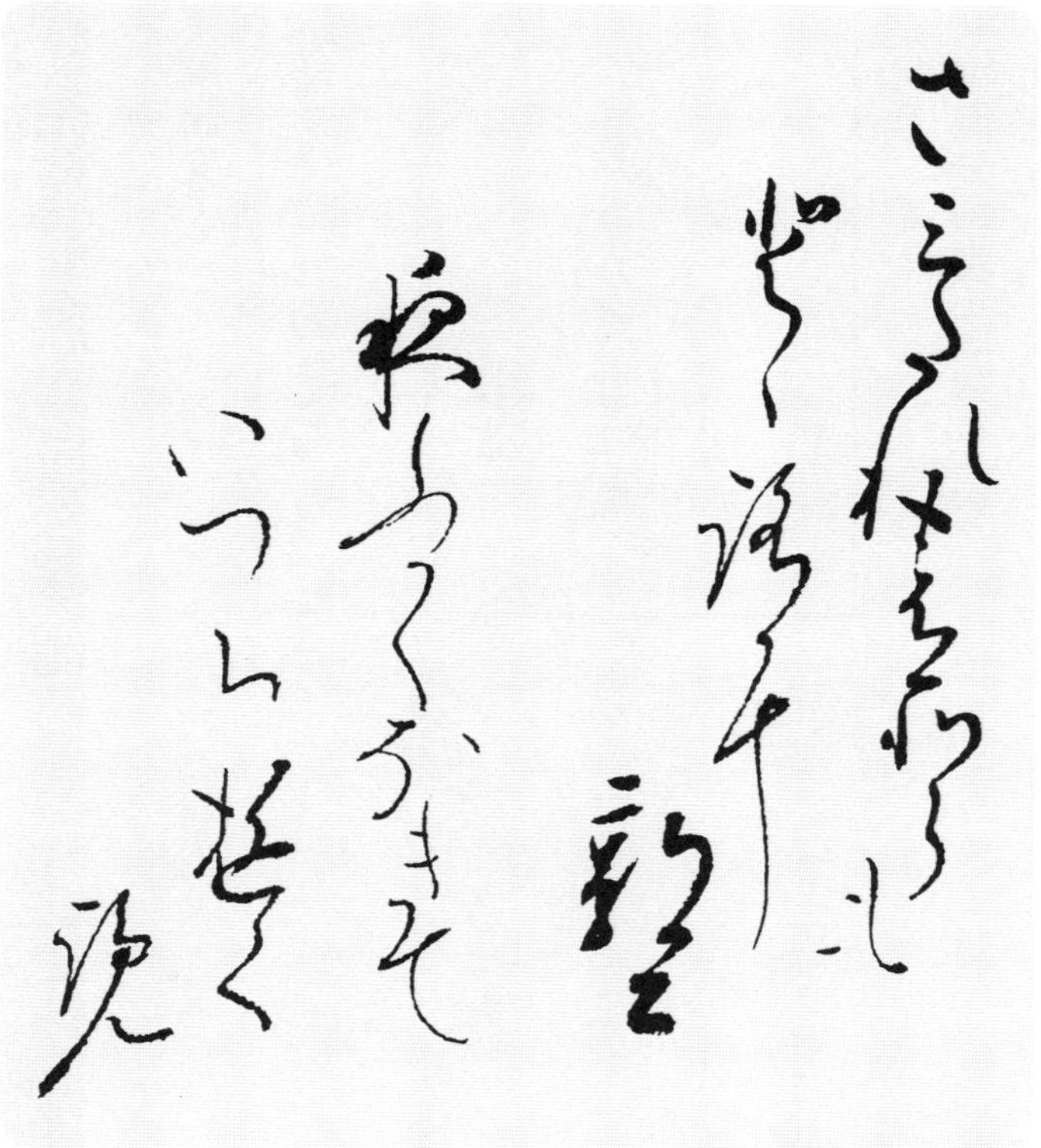

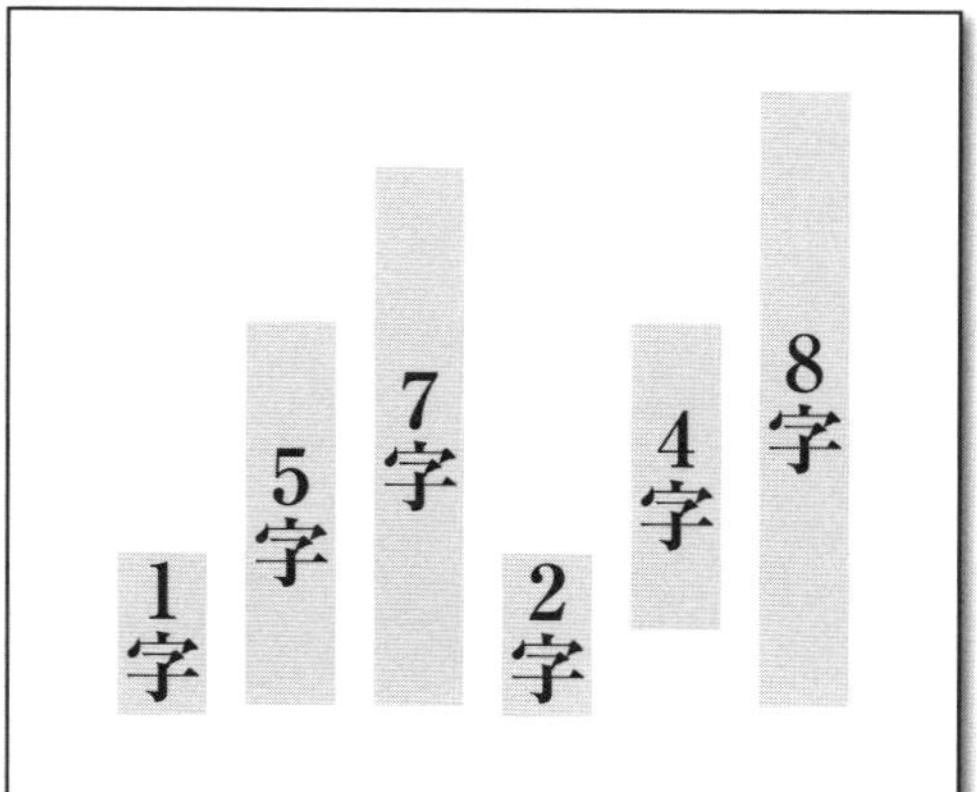

全部で二七字あります。一字一点で採点してください。

【第五問】解答

＊27点満点　上級～25点　中級24～20点　初級19～16点　平均17点

▼解読文

さみたれのそらも
と丶ろに　郭公
夜ふかくなきて
いつくゆく　覧

二行目「と丶ろに」の「に」は「耳」のくずし

（『草露貫珠』の耳）

◆郭公＝ほととぎす

平安時代以降には「郭公」の字が当てられることも多い。これはホトトギスとカッコウがよく似ていることからくる誤りによるものと考えられている。松尾芭蕉も、この字を用いている。

▼得点分布表（点数と人数）

点	人
27	0
26	2
25	1
24	1
23	1
22	1
21	3
20	2
19	2
18	1
17	2
16	5
15	3
14	0
13	1
12	2
11	0
10	0
9~	3
計	30

【第六問】手紙文

空欄の一〇ヶ所が採点対象になります。計一〇字、一字一点で一〇点満点です。

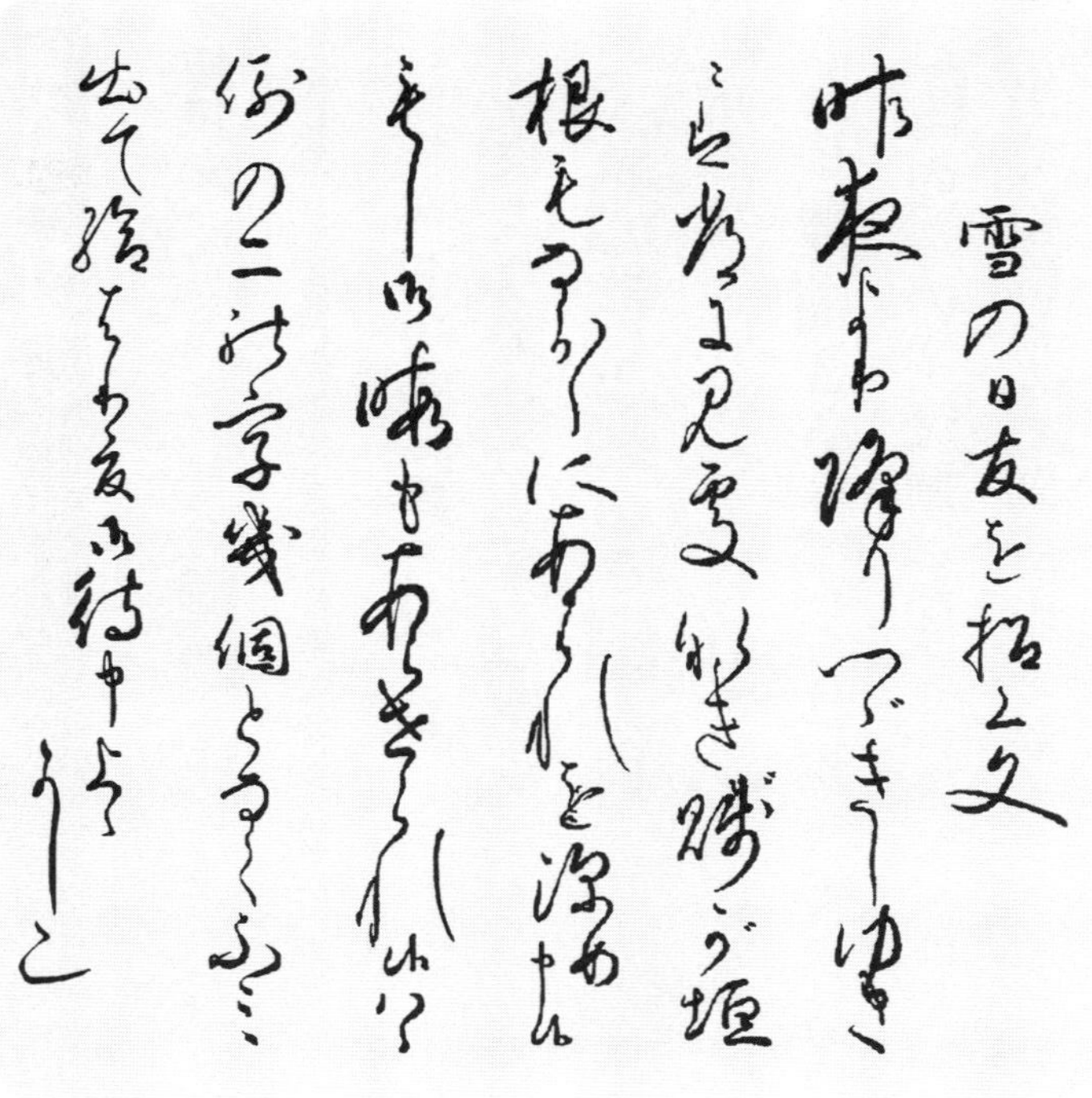

雪の日友を□く文
昨夜より降りつゞきしゆき
ニは□に見□なき□が垣
根もなか〳〵にあはれを□め申候
もし御□もあら□られ候ハ、
□の二の字幾個となくふみ
出て給はり□御待申上候
□しこ

【第六問】解答

＊10点満点　上級～9点　中級8～7点　初級6～4点　平均4点

▼解読文

＊採点方法：解答の **反転部** 10ヶ所が採点の対象

雪の日友を **招** く文

昨夜より降りつゞきしゆき
ニは **常** に見 **処** なき **賤** が垣
根もなかく〳〵にあはれを **深** め申候
もし御 **暇** もあら **せ** られ候ハ、
例 の二の字幾個となくふみ
出て給はり **度** 御待申上候

かしこ

▼得点分布表（点数と人数）

点	人
10	1
9	2
8	2
7	5
6	3
5	0
4	5
3	3
2	4
1	4
0	5
計	34

【第七問】異体字・旧字

▼**問題1**　次のくずし字はある漢字の異体字です。今私たちが書いている漢字に直しなさい。

①【　　】　②【　　】　③【　　】　④【　　】　⑤【　　】

⑥【　　】　⑦【　　】　⑧【　　】　⑨【　　】　⑩【　　】

▼**問題2**　次のくずし字は旧字体による熟語です。意味が通るように新字体に直しなさい。

①【　　】　②【　　】　③【　　】　④【　　】　⑤【　　】

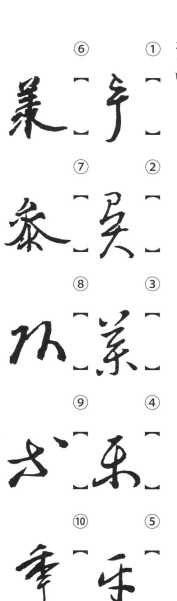

【第七問】解答

＊15点満点　上級〜12点　中級11〜10点　初級9〜7点　平均8点

▼問題1

①畢　②異　③薬　④楽　⑤互　⑥承　⑦参　⑧頭　⑨等　⑩年

▼問題2

①図画　②経済　③欠点　④浜辺　⑤礼拝

▼得点分布表（点数と人数）

点	人
15	0
14	0
13	1
12	3
11	6
10	4
9	3
8	7
7	2
6	1
5	1
4	3
3	3
2	0
1	1
0	0
計	35

【第八問】地方文書（じかたもんじょ）

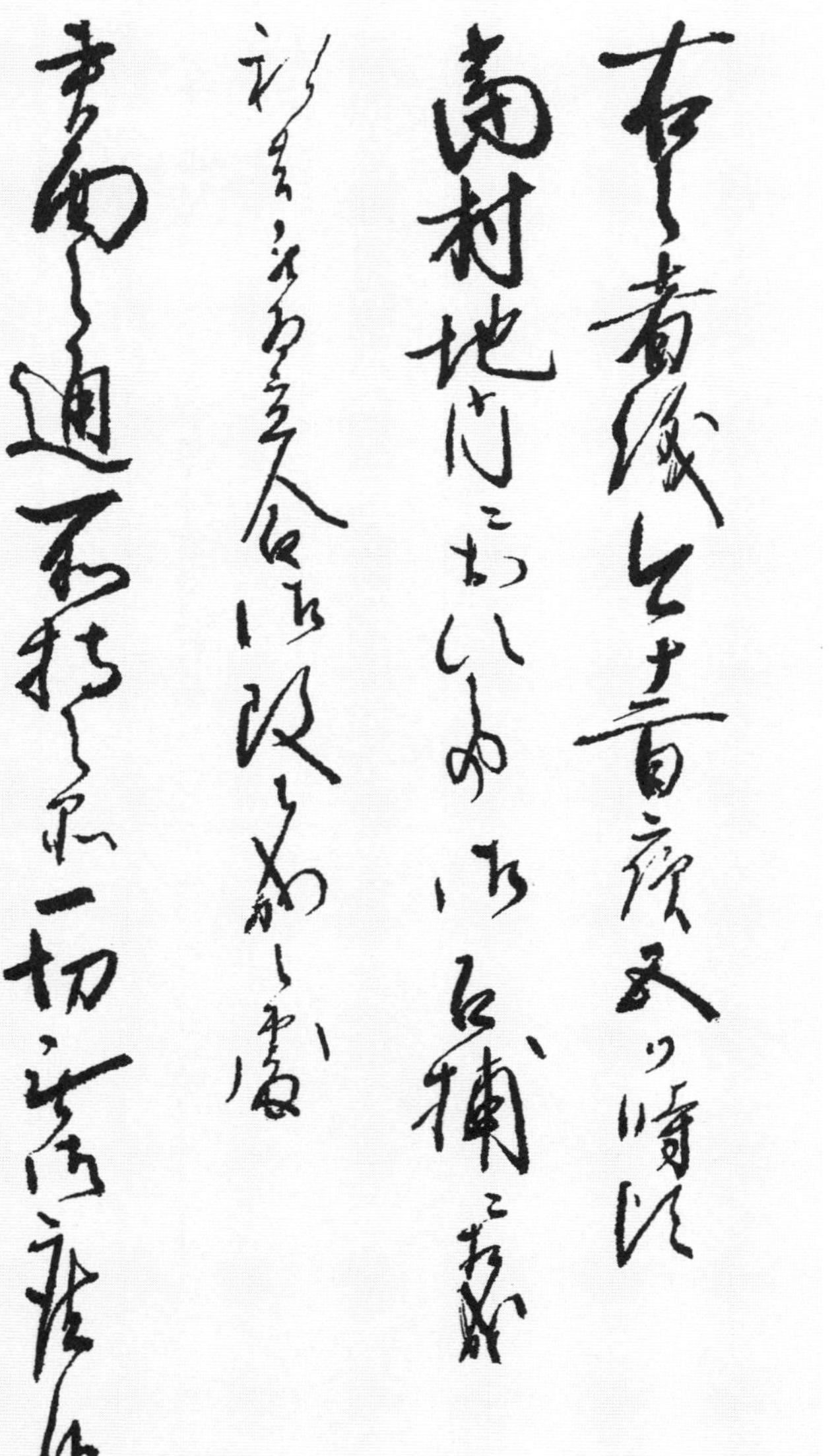

空欄の一一ヶ所が採点対象になります。計一一字、一字一点で一一点満点です

右之者儀■十二日夜五ツ時■
■村地内ニおひ■御召捕ニ相成
私共■■■■御改被成候■
■面之通所持之■一切無御座候

【第八問】解答

＊11点満点　上級〜10点　中級9〜8点　初級7〜5点　平均6点

＊採点方法：解答の反転部一ヶ所が採点の対象

▼**解読文**

右之者儀今十二日夜五ツ時頃
当村地内ニおひて御召捕ニ相成
私共被為立合御改被成候処
書面之通所持之品一切無御座候

▼**得点分布表**（点数と人数）

点	人
11	0
10	7
9	7
8	0
7	1
6	4
5	2
4	3
3	2
2	1
1	1
0	4
計	32

【第九問】物語文

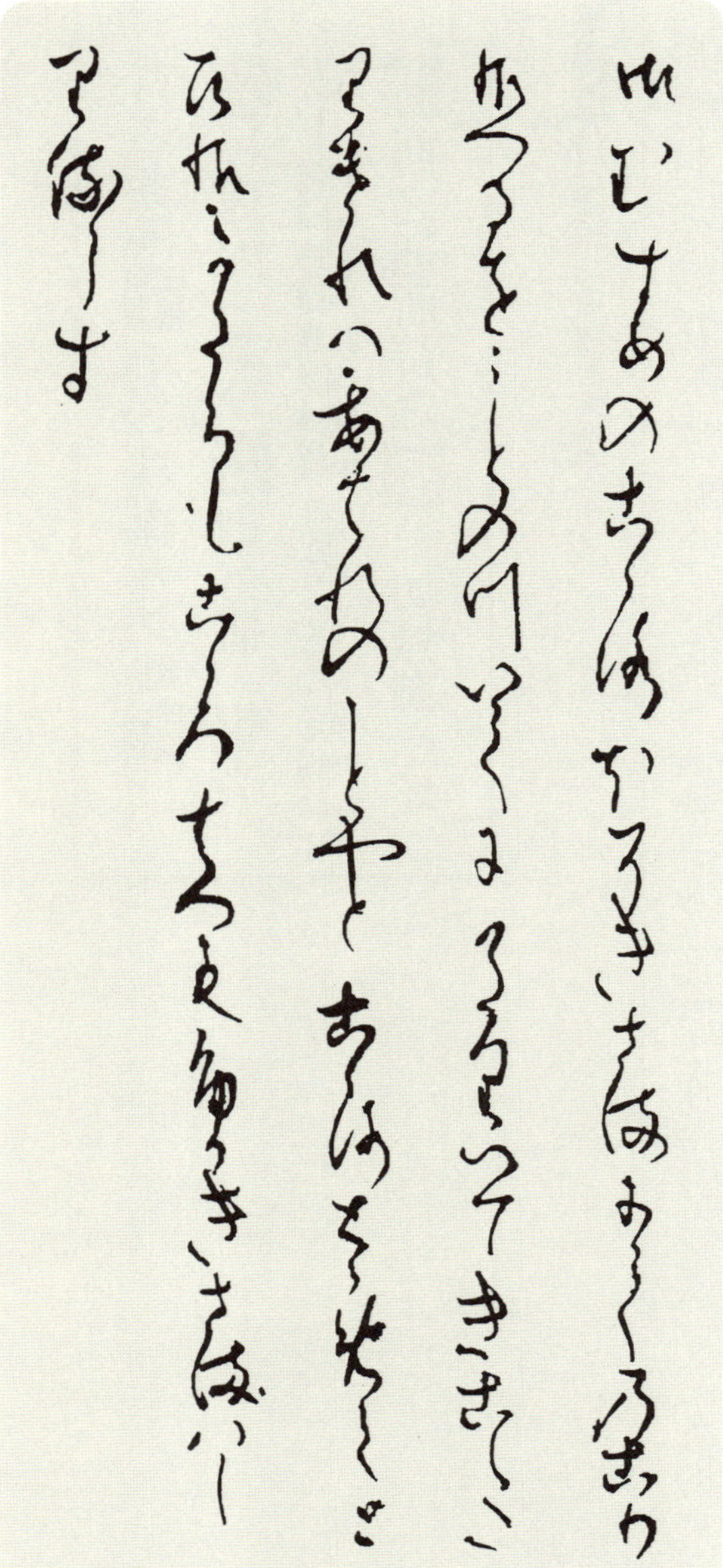

空欄が採点対象になります。計八ヶ所、ひとくくり一点で八点満点です

御むすめのこゝ［　　］きさまにてのこり
［　　］をことのついて［　　］いてき［　　］
りけれハあはれの［　　］こゝろとゝめてと
ひ給ニ［　　］もこゝろ［　　］かきさまハし
り［　　］

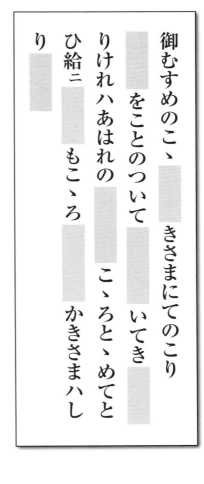

【第九問】解答

＊8点満点　上級〜6点　中級5〜4点　初級3〜2点　平均3点

▼解読文

＊採点方法：解答の**反転部**八ヶ所が採点の対象。一文字ずつ数えずにひとくくりで一ヶ所一点。

御むすめのこゝ**ろほそ**[＊1]きさまにてのこり
給へるをことのついて**にかたり**いてき**こえた**
りけれハあはれの**ことやと**こゝろとゝめてと
ひ給ニ**かたち**もこゝろ**はへもふ**[＊2]かきさまハし
り**侍らす**[＊3]

＊1：「ろぼそ」も可

＊2：「ばへもふ」も可

＊3：「侍らず」も可

▼得点分布表（点数と人数）

点	人
8	0
7	0
6	1
5	3
4	6
3	8
2	3
1	4
0	6
計	31

【第一〇問】町方文書

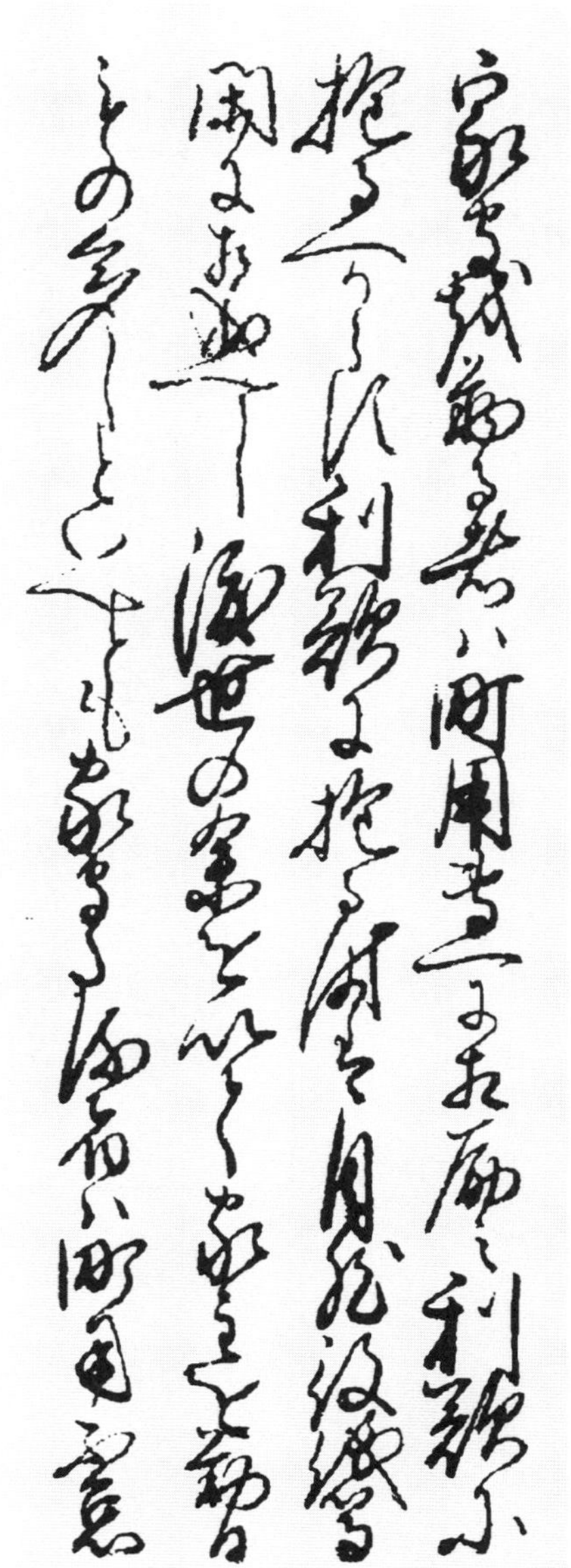

（家） 17字	（抱） 17字	（閑） 17字	（も） 18字

【第一〇問】解答

＊69点満点　上級～67点　中級66～63点　初級62～56点　平均56点

▼解読文

＊採点方法：全部で七三字あるが、各行の冒頭の「家・抱・閑・も」は除く。

（家）守を勤る者ハ町用専一に相励み利欲に　＊17点
（抱）るへからす利欲に抱る時は自然役儀等　＊17点
（閑）に相成へし渡世の余を以て家主を勤る　＊17点
（も）の多しといへとも家守たる者ハ町用不怠　＊18点
計69点

▼得点分布表（点数と人数）

点	人
69	0
68	1
67	4
66	0
65	3
64	2
63	3
62	1
61	2
60	1
59	2
58	0
57	2
56	0
55	0
54	2
53	1
52	0
51	0
50	1
49	1
48	0
47	0
46	1
45~	5
計	32

総合評価表　解読検定

各回の得点が上級・中級・初級のどのレベルになるか〇で囲んでみてください。どうだったでしょうか。最後に、読めなかった文字を、ノートに書き留めておくことをお薦めします。そして「**古文書解読検定**」を受検され、解読の達人の域に達することを心から期待しています。

回	平均点	上級	中級	初級	得点
第一問	14	〜23	22〜18	17〜14	
第二問	41	〜46	45〜43	42〜40	
第三問	34	〜48	47〜44	43〜34	
第四問	26	〜37	36〜32	31〜26	
第五問	17	〜25	24〜20	19〜16	
第六問	4	〜9	8〜7	6〜4	
第七問	8	〜12	11〜10	9〜7	
第八問	6	〜10	9〜8	7〜5	
第九問	3	〜6	5〜4	3〜2	
第一〇問	56	〜67	66〜63	62〜56	

あとがき

私にとって「古文書解読検定」は出世の本懐である。社会貢献の一翼を担う生涯学習時代のモデル検定として、軌道に乗せることを我が使命と決めたからである。だから、肉体年齢は六五歳で高齢者の域に達してしまったが、精神年齢は青年のように希望に燃え、生涯青春まっただ中をひた走っている。

私が「古文書解読検定」を思い立ったのは八年前、一人の大先達との出逢いがきっかけとなった。それは、私の博士論文の審査に当たってくれた中尾堯先生である。日本古文書学会の会長を五期一五年務められた先生とは、その後、同じ八王子在住ということもあって毎月のようにお会いし、検定について多くのアドバイスを頂いてきた。

本書の出版を、一番喜んでくださったのも中尾先生である。私より二〇歳も年上なのに、健康余命を矍鑠として謳歌するお姿に接していると、六五歳なんて、まだまだ若造に過ぎないと痛感するし、第二の人生への挑戦の意欲がいや増してくる。

中尾先生曰く、「古文書学習は長寿の秘訣」――これからも末永く、古文書愛好者の皆さんと、充実した学びの人生を分かち合いたいと思う。

編著者略歴　小林　正博（こばやし・まさひろ）

1951年東京生まれ。博士(文学)。

現在、一般社団法人古文書解読検定協会代表理事、東洋哲学研究所主任研究員、日本古文書学会会員、東京富士美術館評議員、八王子市生涯学習審議会副会長。

生涯学習インストラクター古文書１級、博物館学芸員、図書館司書。

著書に『日本仏教の歩み』（第三文明社）、『日蓮の真筆文書をよむ』（第三文明社）、『日蓮大聖人御伝記――解読・解説』（USS出版）、編著に『読めれば楽しい！古文書入門――利休・歌麿・芭蕉の〝くずし字〟を読む』（潮新書）、『読み書きで楽しく学ぶ　くずし字入門』（宝島社）がある。

実力判定《じつりょくはんてい》　古文書解読力《こもんじょかいどくりょく》

2016年４月30日　第１刷発行
2021年２月５日　第３刷発行

編著者　小林　正博
発行者　富澤　凡子
発行所　柏書房株式会社
〒113-0033　東京都文京区本郷2-15-13
Tel. 03-3830-1891（営業）
03-3830-1894（編集）

装　丁　鈴木正道（Suzuki Design）
組　版　i-Media 市村繁和
印　刷　壮光舎印刷株式会社
製　本　株式会社ブックアート

ISBN978-4-7601-4706-9

柏書房

もっと「**漢字**」が**読**めるようになりたい**方**へ

●200字覚えれば古文書の五割以上が読める

覚えておきたい古文書くずし字200選

柏書房編集部【編】

A5判・二二四頁　一、八〇〇円　4-7601-2155-2

古文書学習版の「出る単」。古文書を読むうえで最低限覚えておかなければならない頻出の漢字二〇〇字を厳選。一六〇〇例のくずし字と三七五〇例の熟語・用例を収録。覚え方のポイントと筆づかいがわかるペン字骨書もついています。

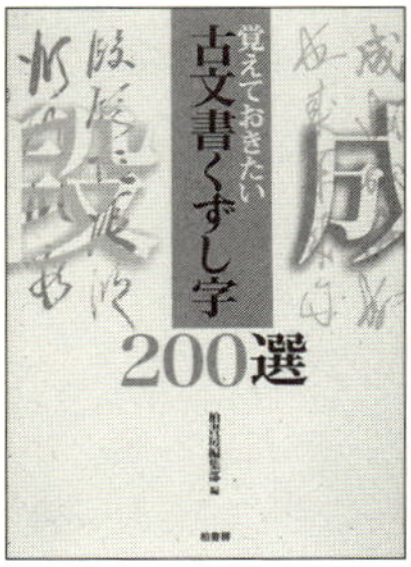

●『200選』と合わせて700字で古文書の八割をカバー

覚えておきたい古文書くずし字500選

柏書房編集部【編】

A5判・二八八頁　二、二〇〇円　4-7601-2233-8

シリーズ第二弾。『200選』未収録の古文書判読の核となるくずし字五〇〇字をさらに厳選。それぞれの漢字ごとに異なるくずし方を二六〇〇例掲げ、五五〇〇の熟語・用例をぎっしりと収録。『200選』同様に覚え方のポイントとペン字骨書がついています。

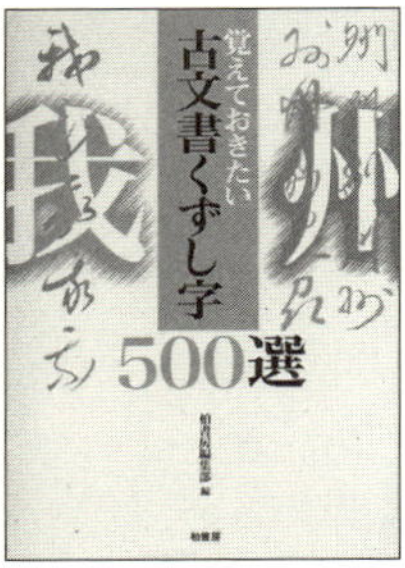

〈価格税別〉

もっと「ひらがな」が読めるようになりたい方へ

●あなたのくずし字解読力を判定します

古文書検定 入門編

油井宏子【監修】柏書房編集部【編】

A5判・一六〇頁 一、二〇〇円 4-7601-2799-2

江戸時代には子どもでも普通に読めたくずし字。当時は「漢字」「ひらがな」「カタカナ」の3つの文字が使われていましたが、本書は入門編として、まず「ひらがな」の問題を解いていきます。現代人の私たちがどの程度くずし字を読めるのか、その実力がわかります。

●カバット先生が伝授する、楽しく希有な版本解読術

妖怪草紙 くずし字入門

アダム・カバット【著】

A5判・二二四頁 二、三〇〇円 4-7601-2092-0

江戸の草双紙で活躍する愉快な妖怪たちをナビゲータにくずし字を学習します。妖怪博士秘伝の「ステップアップ方式」で、基本文字一五〇字が確実に習得できます。

〈価格税別〉

座右に置いて江戸時代やくずし字を調べたい方へ

〈価格税別〉

●かゆいところに手が届く、読みもの的ガイドブック！

江戸時代&古文書　虎の巻

油井宏子【監修】　柏書房編集部【編】

A5判・一八八頁　一、四〇〇円

978-4-7601-3539-4

暦・干支をはじめ、老中・町奉行・勘定奉行などの幕閣主要人名から、街道名、郡名、度量衡、貨幣、変体仮名、異体字などまで、歴史探究への入り口として便利なライブラリー。時代小説を読むときにも活用できます。

●小さいのに驚くほどの情報量！　携帯に便利なハンディ版

【入門】古文書小字典

林英夫【監修】　柏書房編集部【編】

B6変型判・五六四頁　二、八〇〇円

4-7601-2698-8

古文書初心者・入門者に最適なくずし字字典。見出語として八一〇字を厳選し、くずし字五〇〇〇例、熟語・用例九三〇〇例をぎっしりと収録。また、筆づかいがわかるペン字骨書もついています。この一冊を使いこなせば古文書の九割以上は読めます。